斎藤 環

思春期ポストモダン

成熟はいかにして可能か

GS
幻冬舎新書
060

思春期ポストモダン／目次

図版作成　堀内美保（TYPE　FACE）

序章　若者は本当に病んでいるのか

イタくて面白い見世物

まず、ある事件の話からはじめよう。

二〇〇六年四月、名古屋市内にあるひきこもりの若者の「支援」施設で、一人の若者が殺される事件があった。施設名は「アイ・メンタルスクール」。殺害された男性は東京都世田谷区に住む二十六歳の男性。この男性は、ある日突然自宅に押し入った「支援者」らによって暴力的に拉致《らち》され、施設に監禁されていた。愛知県警は施設の責任者とスタッフを、監禁致死容疑で逮捕した。

なぜ都内に住む男性が、自宅から遠く離れた見知らぬ土地で、孤独に死んでいかなければならなかったのか。報道によれば、男性は自宅にひきこもりがちで、時に家族に暴力を振るうようなこともあったという。男性への対応に困り切った家族が、「アイ・メンタルスクール」の「支援者」たちに対応を依頼したことが事件の発端だった。

この「支援者」らは、メディア上でも自分たちの手法を「拉致監禁」と公言していた。亡くなった男性は、この「拉致監禁」に激しく抵抗したため、施設内でも柱に鎖でくくりつけられ、暴行まで受けていた。男性は、この時に受けた外傷性ショックと衰弱によって死に至ったのだ。

僕にはまだ信じられない。いったいこれは、本当に二十一世紀の日本で起きた事件なんだろうか。

あんまり考えたくないことだけれど、この事件は、僕に一つの疑いをもたらした。わが国の思春期を取り巻く状況が、少なくともこの三十年間、ほとんど変わっていないんじゃないかという疑いだ。

もっと問題なのは、この事件がひょっとしたら「氷山の一角」かもしれない、ということだ。恐ろしいことに、彼らと同じようなタカ派っぽい介入を「治療」や「支援」と称して行っている施設や団体はほかにも結構な数、存在するからだ。

有名なところでは「アイ・メンタルスクール」責任者の姉が運営する「長田塾」もその一つだ。こちらもその手法ゆえに元塾生から提訴され、名古屋高裁で敗訴判決が下っている。

いや、そもそも過酷な矯正訓練によって、生徒四人を死に至らしめた「戸塚ヨットスクール」事件すら、いまだ遠い過去の出来事、では済ませられない。そうでなければなぜ、二〇〇六年四月に刑期を終えて出所してきた戸塚校長が、反省の色もなく意気軒昂《けんこう》として現場復帰を宣言できるのだろう。

ひところ、「長田塾」や「アイ・メンタルスクール」の「支援」活動は、しばしばマスコミで取り上げられ、タカ派的な識者などからは高く評価されていた。その意味ではもちろん、マスコミも「共犯」だ。もっとも、こういう脊髄反射的な軽薄さこそがマスコミの身上でもあるわけだし、そこだけ叩いてもしかたないのだが。

ひきこもる若者の部屋に果敢にも乗り込んでいくヤンキー上がりの中年女性の「勇姿」は、たしかに強烈な印象を与える。目を引きつける。まあ、子沢山の貧乏所帯や亀田三兄弟のトレーニング風景と同程度には「イタくて面白い見世物」ではあっただろう。僕だって、こういう仕事をしていなかったら、無責任に面白がって見物する側にいなかったとは断言できない。

ならば、こういうものを面白いと思う民度の低さが問題なのか？　そういうわけでもない。下世話な見世物が「面白い」のは、人の性《さが》としてどうしようもないことだ。テレビが飛びつくのも当然だ。でも、なぜ「面白い」のかを考えてみることにも、なにがしかの意味があるかもしれない。

ストレス発散法としての「若者論」

たとえば僕たちは、どうしようもなく「若者論」が好きだ。まずは昨今の堕落した若者風俗を嘆いてみせ、それを脳とかゲームとか食生活とか育児とかの問題のせいにする。次いで、われこそは問題解決の鍵を握る専門家、というストーリーをでっち上げる。こういう流れで、そこそこ売れる新書の一冊くらい、でっち上げるのはわけないことだ。つまり、それほど「若者論」は求められている。

ところで、「不断にニーズがある」ことには、別の意味もある。要するに、僕たちは真の意味で「若者を理解する」つもりなどないし、若者問題を解決できるとも思っていない、ということだ。どういうことか？

ある問題について、解決を諦めさせる一番有効な方法は、いくつもの解決案を次々と示してみせることだ。するとどうなるか？　僕たちは「これなら、いつでも解決できるや」という万能感にひたって解決をあっさり後に回し、しまいには問題そのものの存在すら忘れてしまう。こういうのが本当の意味での「万能感」だ。つまり、「決して実行をともなわない」という意味で。

俗流若者論は、大人たちに「若者おそるるにたらず」という意味での万能感を与えてくれる。だから読んでいる間は気分が良くなったり、溜飲が下がったりする。無責任に天下を憂えてみせることは、オトナにとってはかっこうのストレス発散法だ。若者論がウケるのも無理もない。

この本は、いわゆる「若者論」じゃない。だから当然、若者の新しい風俗を嘆いたり、彼らの礼儀や公共心のなさを嘆くこともしない。ただし、むやみに若者風俗を持ち上げるつもりもないし、悪いことをした若者まで社会の犠牲者みたいに擁護する予定もない。もしあなたがそういう本をお探しなら、どうかほかを当たってほしい。

でも、これまでの若者論にあきたらなさを感じているなら、ぜひ最後まで読んでほしいのだ。

対話不可能なエイリアン

僕の考えでは、いわゆる「若者論」は典型的な「ニセの問題」だ。この分野にいわゆる「名著」がほとんどみあたらないのも、そのせいだ。どういうことか？

「若者論」が成立するためには、いったん若者を異化しなければならない。つまり若者という存在を、僕たちとは別の言語を話し、別の論理で行動するエイリアンとみなす必要がある。そういえば「まるでエイリアン」みたいなタイトルの本もあった。

実は、若者＝エイリアンとみなした時点で、解決は放棄されている。

エイリアンとみなすということは、言葉も内面も欠いた、決して共感できない存在として若者をみようとすることだ。そういう相手とは、もはやまったく交渉の余地はない。だから、多くの「若者論」は、若者の現状については「どうしようもないもの」として切り捨てる。そのうえで、次の世代に希望を託すという落としどころにもっていこうとする。

しかし、これを矛盾と言わずして何と呼ぶべきか。かんじんの次世代を育てるのは、当のどうしようもない「現代の若者たち」ではないのか？

若者論人気を支えるもう一つの要素として、「嫉妬」がある。若者の無法ぶりや性的な乱脈をあげつらう視線は、ほぼ決まって嫉妬で曇らされている。いや、それ以前に「若さ」それ自体が嫉妬の対象なのだろう。もちろん、そういう嫉妬は僕にもある。この感情は普遍的なものだ。韓国や日本みたいな儒教文化圏には、「年功序列」って約束ごとがある。あれはひょっとしたら、年長世代がより若い世代への嫉妬感情で不安定化しないための安全装置なのかもしれない。

余談はともかく、冷静に考えてみれば、若者論があげつらうような「乱れた若者」は、間違いなくどの時代にもいたはずだ。だから本当は、ギャップは世代間にはない。このギャップは、じっさいには「若者論」の著者が棲《す》む世界と、「乱れた若者」が棲む世界との間にある。言い換えるなら、縦断的ギャップじゃなくて横断的ギャップ、というわけだ。

たとえば「インテリ」と「ヤンキー」といった棲み分けは、それこそどの世代でも、いつの時代にもあっただろう。だから批判的若者論の多くは、僕にはインテリのヤンキー批判にしかみえない。インテリ著者が、日頃から快く思っていなかったヤンキーに対する批判を、若者論に仮託して書く。それにインテリ読者が付和雷同して話を大きくする。

だからもちろん、この手の「若者論」は、批判されている当事者には決して届くことはない。また著者自身も、本当は届けるつもりがない。これは棲み分けが前提なのだから当然だ。

しかし、この手のインテリ対ヤンキーの部族間戦争は、それ自体があんまり「健全」なものとはいえない。「若者論」の多くは、「若者」という定義しづらいイメージを相手にしている。だから、誰からも非難されない形で差別や罵倒《ばとう》を存分に楽しむことができるわけだ。おおぜいの善男善女からも共感が寄せられ、そこそこ本も売れる。

人にとっては、まさに独擅場だろう。誰にも恨まれずに、滔々《とうとう》と人生訓を垂れて喝采まで浴びられる。そんな数少ない年寄りの楽しみを奪うなと反論されれば、それはそれで返す言葉もない。

変貌したのは年長世代のほう

若者論はもはや、僕らにとっての普遍的娯楽なのかもしれない。あら探しやお説教が得意な

しかし「若者論」の問題は、ほかにもある。年長世代の視点を、当然のように狭くしてしまう、という問題が。たとえば「キレる若者」という、およそ実体を欠いた空疎な言葉がある。でも、僕の知る限りでは、いまやキレやすいのは若者だけじゃない。中高年層でも、全般にキレやすさの閾値《いきち》が下がっているのは間違いない。

ところが、同じ行動をとっているのに、なぜか若者だけは特別扱いだ。中年がキレる場合は、その個人的背景に関心が向かうけれど、若者のキレやすさは、集団の病理としてひとくくりにされやすい。若者個人よりも先に、まず「若者である」という属性のほうが注目されてしまう。若者論には、こういうがさつさ、不公平さがつきまとう。

内面と葛藤を欠いた存在として若者をとらえ続ける限り、彼らとの対話は成立しない。かと

いって、僕たちと同じ内面を備えた存在として若者を理解しようとすれば、今度は「若者」というカテゴリーが無意味になって、「若者論」そのものが成立しなくなる。若者論は、常に対話不可能な相手としての若者を再発見させてくれるのだ。

こんなふうに、「若者」をまるで集団現象、あるいは集団病理のようにみなす視点からは、真の「解決策」が生まれてくるはずもない。

「アイ・メンタルスクール」問題も、こういう若者論と決して無関係ではない。「話が通じない相手」をなんとしても変えなければと思ったら、あなたはどうするだろう？　ついつい「問答無用」の暴力もやむなし、と考えてしまわないだろうか。

「若者＝エイリアン」の視点は、こんなふうに世代間のコミュニケーションをさまたげ、暴力を時に正当化し、結果的に「戸塚ヨットスクール的なるもの」に暗黙の支持を与えてきたと僕は考えている。「私はそんなものを支持したつもりはない」と主張しても無駄だ。いま僕は「若者論」論者という「集団の病理」について話しているのだから。

ひきこもりの青年の部屋で振るわれる「矯正のための暴力」を、僕たちは見世物として楽しんだ。そんな不謹慎な意図はない？　おやおや、誰がどうみても悪いことをしている相手をのしったり、思うさま正当な暴力（がありうるとして）を振るうのが楽しくないとでも？　少なくとも僕は、そういう暴力がもたらす享楽の危険性を自覚しているつもりだ。自分は火の粉を浴びずに見物できる対岸の火事くらい、面白いものがあるだろうか？　そういう人の性《さが》への自覚抜きに、きれいごとを並べてもしかたがない。少なくとも、僕はそう思う。

僕がみるところ、少なくともここ二十年ばかりに限って言えば、年長世代の変貌ぶりのほうが激しいと思う。全般的に、親世代の寛容性が変わりつつあるような印象があるのだ。ただしそれは、一概に「寛容性が低くなった」という単純な話ではない。

かつては、わが子を「うちの子に限って」と弁護するような親バカぶりが、しばしば批判されていた。しかしいまや、親たちの呟《つぶや》きは「うちの子もひょっとしたら……」というものに変わりつつある。

学校現場で採用されつつあるという「ゼロ・トレランス」（不寛容、厳罰主義）の方針も、昨今の若者論的風潮と無関係とは思えない。「ゼロ・トレランス」については、学校現場での際限のない拡大解釈の可能性があり、僕はかなり強く危惧している。元になった「割れ窓理論」（落書きや窓を壊すような軽犯罪を厳格に取り締まることで重大犯罪も予防できるという理論）にしても、当初言われたほどの効果があったかどうかは疑問視されているようだ。

「発達障害」という診断の罪深さ

ところで、若者をエイリアン化する視点として、最近、僕が最も危惧しているのは、「発達障害」の増加だ。ただし、事例数の増加のことではない。子どもや若者の抱える問題が、発達障害によるものと判断を下されてしまうケースの増加のほうだ。

　僕はここに「過剰診断」の問題があると考えている。果たして現場で下されている「疾患」としての発達障害、とりわけ「算数障害」「アスペルガー症候群」「ＡＤＨＤ」といった診断は、どれほど厳密に下されているのか。

　側聞するところでは、ある医師などは不登校の七〜八割は発達障害である、というきわめてユニークな説を提唱しつつ、この診断を量産しつつあるとのことだ。専門家が多くはないせいかどうか、こうした活動が、必ずしもトンデモ扱いされずに野放しになっている。それが「発達障害」の現場、と言えば言いすぎだろうか。

　もちろん僕自身は、この問題についてはほぼ門外漢だ。そういう人間のお節介な感想というつもりで、もう少し言わせてほしい。もし僕の感ずる危惧が少しでも現実を反映したものであるのなら、若者のエイリアン化という風潮は、強力なうしろだてを得たことになる。

　どういうことか。発達障害は脳の問題とされている。実際には、脳のいかなる部位が、どのような障害を被ることで生ずるか、確実なことはほとんどわかっていない。しかし、ともかく、そういうことになっている。ならば、われわれと彼らが違うのは当然だ。なんといっても、脳のつくりが違うのだから。

そういう脳を持った子どもが、実にクラスの一〇%を占めている、と主張する医師もいる。繰り返すが、ほぼ門外漢の僕に、ことの真偽は判定できない。しかし、やはり過剰診断の疑いはぬぐえない。せめて脳波やCT、MRIなどの検査で、はっきり診断できるのなら、こんな混乱は生じないのだが。

発達障害の原因が脳のせいというのはいいとしても、ゆきすぎればおかしなことになる。コミュニケーションがうまくいかなかったり、理解できない振る舞いをする人に対して、あっさり発達障害のレッテルを貼る。発達障害ならば脳の異常に違いないと判断し、そもそも脳がおかしいのだからコミュニケーションはできないと決めつける。こういう堂々巡りの理屈ができあがり、レッテルを貼られた人がどんどん疎外されてしまう。残念ながら、こういう論理を、最近よく耳にするようになった。

こういう過剰診断の「犠牲」になっているのは、なにも子どもや若者だけではない。このところ多いのは、自分の妻や夫が発達障害なのではないか、という相談なのだ。つまり「人の気持ちをまったく理解しない夫」も、「家事や片づけが全然できない妻」も、ぜんぶ発達障害のせい、というわけだ。まあこちらはオトナ同士の話だから、どうぞお好きなように診断し合ってくださいという話ではあるが。

もちろんドナ・ウィリアムズ(新潮社『自閉症だったわたしへ』の著者)やダニエル・タメ

ット（講談社『僕には数字が風景に見える』の著者）のように、発達障害という自覚が、当事者を生きやすくするという現実もある。しかし、自覚とレッテル貼りは、全然別物だ。確実な治療法がない以上、役に立たないうえにウソかもしれない自覚を押しつけることは、あきらかに間違った行為なのだ。

加えて、診断が事実だったとしても、事例の受け皿が圧倒的に不足している。小児ならともかく、十八歳以上の発達障害患者がいたとして、いったいどこに紹介すればいいのか。僕もとつさには答えられない。

診断だけをばらまいて、あとは当事者の自助努力で、というやり方は、最近ますます広がりつつある。しかしこれでは、問題を切り離し、隠蔽して終わり、ということにならないだろうか。あえて言うが、自覚させるだけが目的の診断ならば、なんの判断も下さないほうがずっとましなこともある。少なくとも僕はそう思う。

僕たちと地続きの問題として

それならお前は、すべての若者問題は存在しないと言いたいのか。そろそろそんな声が聞こえてきそうだ。もちろん、そんなはずはない。若者には若者特有の問題がある。これは臨床的事実と言ってよいだろう。ただしそれは、僕たちの問題とは不連続で異質な「若者問題」があるという意味ではない。

彼らの抱える問題は、僕たちの抱える問題と完全に地続きだ。たとえ見かけ上の違いがあるとしても、そのほとんどは、若者と僕たちの「立場の違い」と、せいぜい成熟度の違いに還元できる。ただし、ここでいう「成熟度」に、果たしてどれほどの実体があるものか、僕はかなり疑わしいと考えている。

これもまた極論なのかもしれない。しかし僕は、対話不可能なエイリアンとしての若者を繰り返し発見することは、いいかげん、やめにしたいのだ。それよりも、対話可能な相手であるという「先入観」によって彼らに関わるほうが、よほど得るものが多いと考えている。

また、だからこそ、うわっつらの「印象論」は危険なのだ。印象論に終始していいのなら、若者の病理やけしからん風俗について、いくらでも語り続けることができてしまう。商売にはなるかもしれないけれど、さすがにそこまで堕《お》ちたくはないものだ。印象論が想像的なものでしかなく、それゆえ必然的に語り手のナルシシズムの反映でしかないことは、僕がラカンの精神分析から学んだことのひとつである。

ここで本当に重要なのは、一見して病理にみえるものをもたらす「構造」であり、「関係」のほうなのだ。構造とは、若者が置かれている社会的状況のことであり、関係とは、若者と僕たちの関係にほかならない。もう、こうした視点からしか、意味のある議論は生まれてこないと僕は考えている。

「病因論的ドライブ」という仮説

さて、いつもながら、いささか「前置き」が長くなってしまった。

僕はこれから、あらためて若者について語ろうと考えている。ただしそれは、若者という存在そのものに対する危惧ゆえではない。そうではなくて、いまの若者を取り巻く状況が、あまりにも変わらなさすぎることへの懸念からだ。

繰り返すが、彼らの問題や病理を生み出しているのは、主として状況であり構造なのだ。不登校やひきこもりのような、「ありふれた問題」に対処しようとするなら、最初に考慮すべきは個人の病理ではない。何度でも繰り返すが、「異常で理解困難な人間が増えた」という視点は、むしろ解決を遠ざけてしまう。

これまで精神疾患の要因としては、遺伝的要因、生物学的要因、心理的要因、環境的要因、社会的要因がしばしば指摘されてきた。多くの疾患はこれら複数の要因が複合した結果と言える。しかし本書で取り上げる問題は、これらとはいくぶん性質が異なる。

これから僕が述べることは、おそらくまだほとんど指摘されていないことであり、その意味では新たな仮説の一つに過ぎない。ただ、僕自身はこの仮説にもとづいて臨床活動を行っており、それなりに成果も上げていると信じている。

本書で取り上げるのは、生物学的にも社会的にもおよそ問題のない状況下で、主として心理的要因として生じてくる、ある種の病理の問題だ。心理的、と断定できるのは、それが明らかに「状況に対する反応」として生じているためだ。その証拠に、反応が生じにくい状況のもとでは、病理も消えてしまう。

ちょっとややこしいのは、この「反応」が、「環境」に対する反応とも、「自分自身の状態」に対する反応ともみなしうる点だ。ごく簡単な見取り図を示しておこう。

まず環境に対する反応として「病理」が生ずる。ついで「病理」は、自意識の悪循環を通じて強化される。さらにこの悪循環を、環境が支える。付け加えれば、一連の反応は、それ自体は正常な、あるいは非病理的な反応として起こる。だから、ますますややこしい。

あとで説明するけれど、このパターンは「ひきこもり」が典型だ。不登校やひきこもりの始まりは、環境に対する正常な反応として生ずることも多い。ストレスやいじめ、あるいは挫折体験などへの反応、ということだ。正常な反応だから、休養すれば回復することもある。しかし、ひきこもってしまったことに対して自責的になったり、自己嫌悪に陥ったりすると、ひきこもり状態から抜け出すことが困難になる。ここから先は悪循環の連続、というわけだ。

社会が悪い、とは一概に言えない。しかし、家族や個人が悪い、とも言い切れない。強いて言えば、問題は常に「関係」の中にある。個人と家族、個人と社会、あるいは家族と社会、それぞれの関係の中に。繰り返すが、これはいままで言われてきた「環境因子」とは微妙に異なる。

なぜなら僕が言いたいのは、個人、家族、社会のそれぞれに、はっきりと指摘できるような病理がなかったとしても、それぞれの「関係」が病理性をはらんでしまうことがある、ということだからだ。

ほぼ「健常」であるはずの「個人」に、病理的な言動を強いるもの。単純に環境や社会、あるいは個人の状況に還元できないような、この関係的要因を、僕はかつて「病因論的ドライブ」と命名した。

そう、ある種の「病気」は、「病理なき個人」と「病理なき社会」との〈間〉で起きる。「病理なき社会」という言葉にひっかかる人もいるだろう。では言い換えよう。病を生み出す構造を「病理」と呼ぶのであれば、あらゆる意味で個人も社会も、なんらかの病理を抱えている、と。

精神分析家ジャック・ラカンは、すべての人間は神経症者であると断じた。極論のようだけれど、実は僕もこの立場をとっている。あるいは精神科医の中井久夫氏も、あらゆる人がうつ病や統合失調症をもたらすような「病の種子の一揃い」を持っているとした。こちらはもっとわかりやすい。強力なストレスにさらされて、病に陥らない人はいない。だからといって、その人がはじめから病人だった、とは言えないだろう。

人はなぜ精神病にかかるのか

精神病に関して言えば、人間には生まれ持った「気質」というものがあって、これによってさまざまな病気に対する「かかりやすさ」が決まっているとされる。分裂気質の人は統合失調症（分裂病）に、循環気質の人は躁うつ病に、粘着気質の人はてんかんに、それぞれ親和性が高いとされる。

中井久夫氏によれば、人類史の諸段階において、人間のさまざまな気質がクローズアップされてきた経緯があるという（東京大学出版会『分裂病と人類』）。

たとえば狩猟採集民の社会においては、微妙な兆しや変化に敏感な分裂病親和者（ほぼ分裂気質者に同じ）が有利な気質だった。獲物の気配や危険の徴候に敏感なほうが、生き残るうえでは役に立ったからだ。時代が変わって、農耕社会においては貯蔵、整頓、支配を重んずる強迫症親和者が活躍し、近代社会においては秩序と立て直しの技術にすぐれたうつ病親和者（ほぼ循環気質者に同じ）が「主役」となった。

つまり、精神に関しては絶対的な健康や病理などというものがありえず、どんな気質にも時代に応じて活躍の場があったはずだ、という仮説だ。言い換えるなら、精神的な健康の基準は、時代や社会ごとに異なる、という指摘である。

あまり指摘されてないようだけど、現代は再び分裂病親和者の時代なのかもしれない。たとえば五年の長きにわたって総理としての人気を維持し、いまなお現役の総理よりも人気のある小泉純一郎は、政治家では稀にみる分裂気質者だ。九〇年代からずっとお笑いの頂点にあると自他共に認める松本人志もこの気質に属する。あるいは映画界に目を転ずると、わけのわからない作品を作り続けているのに世界一の映画監督に選ばれたデビッド・リンチも同様だ。彼らが特権的と言ってもいい人気を集めている状況と、統合失調症患者の軽症化傾向は、どこかでシンクロしているようにもみえてしまう。

それはさておき、話を戻そう。ある「気質」を持つことはなんら「病気」ではない。ただ、時代や社会ごとに「有利な気質」と「不利な気質」が存在する。そうであるなら、精神病の多くは、社会状況のありようと気質の相互関係で生ずる場合もある、と言いうるだろう。もちろん、それがすべてというわけではない。たとえば統合失調症は、世界のどの地域でも発症率は一％程度とされている。つまり、社会状況にかかわらず一定の頻度で起こる、ということだ。精神病の要因は、なかなか単純には説明できないが、脳をはじめとする個人の要因が大きいことは間違いない。だからここでは、そんな精神病ですら時代や社会状況との「関係」において起こることもある、というイメージを持ってもらえればよい。

僕が言うところの「病因論的ドライブ」については、精神病などに比べれば、はるかに個人的要因の割合が少ない。そのぶんだけ、「関係」のありようによって決まるところが大きくなってくる。

たとえば、最初に僕がこの言葉を用いたのは、臨床とは無関係の、漫画家・吉田戦車の作品を分析したときのことだ。吉田戦車は、かつて不条理漫画と呼ばれたほど、無意味すれすれの奇妙な笑いを描いてきた作家で、『伝染《うつ》るんです。』や『ぷりぷり県』などで知られている。実は彼の漫画には、精神医療関係者のファンがとても多かった。それもそのはずで、その作品は、統合失調症の精神病理をそのまま描いたとしか思えないものがやたらと多かったのだ。

僕はご本人に会ったことはないけれど、インタビューや対談を読む限りは、非常に明晰でまともな常識人という印象だった。だとすれば、まったくの健常者が病的な作品を描いていることになる。これは、それまでの精神医学では考えにくいことだった。いったいなぜ、こんなことが起こるのか。

説明に窮した僕は、健常な作家と病的な作品とをつなぐ作用として「病因論的ドライブ」という仮説をひねり出したのだった。どういうことか。作家とその家族、あるいは社会の側にきわだった問題がなかったとしても、作家と作品の関係において、なんらかの病理が呼び込まれることはある。健常な作家に病的な作品を描かせたのは、この関係において作動した「病因論的ドライブ」だったのだ。

かなり苦し紛れではあったが、語感の良さもあって、僕自身はこの概念がけっこう気に入っている。

「家庭内暴力」に作用する「病因論的ドライブ」

それでは、臨床場面でみられる病因論的ドライブの作用例として、具体的にはどんなものがあるだろうか。

具体的には、「家庭内暴力」がわかりやすいかもしれない。

夫婦間暴力もそうだが、親に暴力を振るう子どもの問題にしても、これは決して「異常な個人」だけの問題ではない。実際、本人に会ってみれば、人前ではまったく当たり前に振る舞うことができる人だったりする。

彼らは自分の家族との関係性の中でだけ、なぜか異常な振る舞いに及んでしまう。彼ら自身がそのことについて悩んではいるのに、どうしてもやめることができない。家庭内暴力とはしばしば、そういうかたちであらわれるものだ。

この、自覚はあるのに異常な振る舞いをしてしまうという領域で働いているものが「病因論的ドライブ」だ。これは純粋な外的要因でもなければ、純粋に内的要因とも言いきれない。複数の要因の相互作用なのだが、ここにある種の再帰性（堂々めぐりの一種）が含まれるため、しばしば嗜癖《しへき》的（アルコール依存、ギャンブル依存、などの「依存」を指す言葉）な様相を呈することになる。おそらくこの点も「病因論的ドライブ」の特性の一つと言えるだろう。

僕は、子どもの家庭内暴力について、思春期の問題行動の中ではかなり解決しやすい問題と考えている。少なくとも、対応のための方法論はすでに確立していると言ってよい。僕がそんなふうに自信を持って断言できるのも、一般に家庭内暴力を振るっている個人に会ってみると、意外に健康度が高いことが多いせいだ。

ある条件が整えば、誰もが振るいうる暴力。それが家庭内暴力だ。そうだとすれば、個人病理の問題として扱うのは後まわしでもいい。まずは暴力を可能にしている条件のほうを変えてやる必要がある。実際そのような対応だけで、ほとんどの暴力はおさまってしまうのだ。

たとえば、子どもが母親に暴力を振るっているような場合、母子関係が近すぎて密室化してしまっていることが原因の一つであることが多い。密室化というのは、困っていても他人に相談できない、という状況のことだ。こんなとき僕は、母親に家出を勧めることにしている。タイミングよく実行された家出には、絶大な治療効果があるからだ。

その詳しいやりかたについては別の本を参照してほしいが（ＰＨＰ新書『社会的ひきこも

り』など）、ともかく、これだけのことで大半の暴力はおさまってしまう。おわかりのとおり、ここで僕は、本人や家族に対して治療的には関わっていない。ただ、状況や関係をちょっと調整するだけだ。

家庭内暴力に限らず、僕の方法論は、本人とは会えないままでも状況のほうに介入し、状況の改善とともに本人の状態が改善することを待つ、というものになる。これで実際に問題の解決がもたらされるとすれば、その問題はまさに「病因論的ドライブ」に起因する、と言いうるのではないだろうか。

「病因論的ドライブ」の解除としての「ひきこもり」治療

実は僕は、「ひきこもり」においてこそ、この「病因論的ドライブ」の概念がもっとも「使える」のではないかと考えている。もちろん程度の差はあるが、ひきこもっている当事者個人の病理は軽いことが多いからだ。なかには平均以上に高い知能と対人スキルを持っているにもかかわらず、十年以上も対人関係を持たずにひきこもり続けているといった事例が少なくない。いや、そもそも僕自身が、いままでひきこもらずに生きてこられたのが時々不思議になることがある。この問題がいまだに位置づけが曖昧なのは当然だ。それはちょうど「病気」と「健康」の境目に置かれているのだから。

ひきこもってはいても、生活は規則正しく、家族とも円満で、静かに趣味に生きているような人も存在する。かと思えば、家でもほとんど無為に横になったままで、最重度の統合失調症患者にもひとしいような生活を余儀なくされているような人もいる。ただし、統合失調症の場合は、治療がなされなければ慢性化とともに人格変化が進んでしまう。最終的には感情の動きが鈍くなったり、自発性が減退したりすることも多い。これに対して「ひきこもり」では、このような慢性化が決して起こらない。これも病理の軽さゆえだろう。

だから、僕の「ひきこもり」対策は、最初から最後まで、ひたすら環境調整に徹することになる。当事者に対して周囲、とりわけ両親がどのように接すべきかという点を最も重視する、ということだ。逆に、僕はこれまで、当事者の治療についてはあまり語ってこなかった。理由はいろいろあるが、一つには当事者の健康度が高いため、精神療法にせよ薬物治療にせよ、語るべきことがそんなにない、ということもある。

それでもあえてひきこもりの個人精神療法について語るとすれば、主に自意識と関係性の中で生ずるさまざまな悪循環をどのように緩和するかに照準を合わせたものになるだろう。このあたりについては、あとでもう少しくわしくふれることにする。

ともあれ、僕がここで挙げた環境調整と自意識の緩和とは、いずれも「病因論的ドライブ」の作動を少しでもやわらげて、事態を好転させようという試みにほかならない。

ひきこもり事例に治療的に関わりすぎれば、悪しき治療主義との批判を免れない。しかし「ひたすら待てばよい」というアドバイスだけでは――とりわけ「ひきこもり」の位置づけが定まっていない現時点にあっては――医師の「応召義務」すら放棄した無責任な態度と僕には思えてしまう。

もちろん、待つ姿勢は必要なのだが、このようなアドバイスのみでは、単なる「放置のすすめ」と誤解されるおそれがある。しかし、単に放置するだけでは、むしろ問題が膠着《こうちゃく》状態になりかねないことも、経験の教えるところだ。

僕は「待つ」ことを、丁寧に外堀を埋めていくような、積極的な態度として考えている。もしそうであるなら、「待つ」ことはそのまま、僕の言う「病因論的ドライブ」を解除する作業につながるだろう。ひきこもりのような問題に対しては、こうした間接的な介入によってさえ、本人に対して治療的な影響をもたらすことができるのだ。

僕によるこの臨床的事実の経験は、「病因論的ドライブ」という着想の正しさを証し立てているように思われてならない。もっとも、新語を用いるのは相当に気恥ずかしいことなので、すでにある表現でうまく記述できるなら、本当はそうしたいのだけれど。

「サブクリニカル」の時代に

医学には「サブクリニカル」という言葉がある。

やや病的ではあるけれど、必ずしも病院での治療を要するほどではない、という意味になるだろうか。近年、精神障害全般が軽症化するとともに、多くの若者がサブクリニカルな問題を抱え込むようになった。いわゆる「メンヘラー」（メンタルヘルスの略に人をあらわす接尾辞がついたもの。心の病気を抱えた人の俗称）の問題などがこれに該当するだろう。このような傾向が強まるとともに、精神医学とは別に、あえて「メンタルヘルス」という区分を強調する動きもみられる。

この「サブクリニカル」な問題こそが、さまざまな病因論的ドライブの影響が最も強くあらわれる領域なのかもしれない。

この本で取り上げる問題の多くも、そうしたサブクリニカルな事象であり、何らかの「病因論的ドライブ」によってもたらされている可能性が高い。リストカット、解離《かいり》性障害、摂食障害、不登校……オーソドックスな精神医学の側からは異論も多いことと思うが、こうした視点をとることでみえてくること、あるいは対応しうることもあるだろう。

もちろん、これが一つの仮説に過ぎないことは言うまでもない。しかし、あえて言えば、精神分析から精神薬理、認知心理学に至るまで、そのおおよそは仮説の集積だ。決して居直るわけではないが、仮説という形式でしか語りえないのが人の心であると僕は考えている。病因論的ドライブという仮説にしても、語りやすさを高めるための便宜としてなら、多少の意義はあるだろう。

本書で僕はこうした仮説にもとづきながら、あくまでも解決を志向しつつ、それぞれの問題と向き合っていくことを考えている。

第一章 思春期という危機

「生きづらさ」の現代性と普遍性

一九九五年から一九九六年にかけて放映され、青少年のみならず三十代、四十代、五十代の「大人」まで巻き込んで一大ブームを引き起こしたアニメに、『新世紀エヴァンゲリオン』という作品がある（二〇〇七年に『ヱヴァンゲリヲン新劇場版・序』として公開された）。主人公の少年は、ふとしたことから、謎の目的を追求する謎の組織に所属させられ、たびたび襲ってくる正体不明の敵と戦う羽目になるという、あらすじだけ聞いてもなんだかわからない物語。少年自身、なんで自分が戦わなければならないのか、その目的や意義が最後までわからない。

この少年は最後まで、戦士として成長することを拒み続け、しかしそんな自分も受け入れられず、ひょっとすると自分の一部かもしれない敵と戦い続ける。物語の背後に、なんだかやたら壮大な世界観を予感させつつも、この作品は、最初にテレビで放映された時点ではストーリー的に破綻してしまう。ひとことで言えば、作家の個人的心情が映り込みすぎてしまったといおうか。

しかし、それにもかかわらず、『エヴァ』は現代における思春期心性の閉塞感を象徴的に描いた傑作として、アニメファンにとどまらず、すでに中年になった「オトナ」まで巻き込んで、熱狂的に支持された。この作品については、その後、実にさまざまな解釈がなされたのだが、僕にはなんといっても、現代における成熟の困難性がきわめてリアルに描かれていた点が印象的だった。

それと、この作品が巻き起こしたブームが、もう一つ明らかにしたことがある。実は「成熟困難」の問題とは、いわゆる青少年に限らなかった、ということだ。この作品に「反応」してしまったファンの中には、さっきも言ったように上は五十代の人もいた。それが何を意味するか。「成熟困難」の問題が、それだけ幅広い層に広がりつつある、ということだ。

当時、とりわけ九〇年代後半以降、まるでこのアニメ作品とシンクロするようにして、青少年による異様な事件が、何度もクローズアップされた。

もちろん、こういう特異な事件を持ってきて、最近の青少年がどんどん凶暴化していると思い込むのはまちがいだ。あとで説明するけれど、日本の青少年は世界的にみても、異常なくらい平和でおとなしい。その意味では、これらの事件はむしろ例外的なものと言っていい。にもかかわらず、一連の事件は、若い世代にとって象徴的な意味を持っていた。この点が重要だ。

たとえば、一九九七年に神戸市須磨区で起きた「酒鬼薔薇《さかきばら》事件」。この事件は、子どもの首を斬るという異様さもさることながら、犯人である十四歳の少年が強烈な存在感を放っていた。彼と同世代の少年少女たちが、事件の容疑者とされた少年の書いた文章に強い共感を寄せていたことは、いまも記憶に新しい。考えてみたら、もう十年も前の事件なのだが、事件そのもののインパクトは、まだまだ風化していない。

現代の子どもたちは衣食住に困ることもなく、重労働からも解放されて、歴史上かつてないほど大切に取り扱われている。もちろん虐待みたいな問題もあるけれど、いまどきの平均的な子どもたちは、昔よりもずっと物質的には恵まれているはずだ。それにもかかわらず、当の子どもたちが、これほどまでに「生きづらさ」を抱えている。これはいったい、どういうことなのか。

古屋実の漫画『ヒミズ』（講談社）は、そんな現代の青少年の孤独で内向的な攻撃性を描いた傑作だ。両親に捨てられた主人公は、捨てられたことや孤独であることそれ自体には、なぜかそれほど深く葛藤しない。しかし、自分が呪われた運命を生きなければならないという、絶望的な宿命観を持っている。少年は、その宿命を覆《くつがえ》すべく、殺人を犯そうと試みる。そんな少年を懸命に支えようとする少女の存在も含めて、どんな世俗的な幸福も、決して少年に「生きる希望」を与えない。

ここにも現代の青少年が抱えている絶望感、というよりはむしろ空虚感や閉塞感のありようが、きわめてリアルに描かれている。古谷はその後も『シガテラ』『わにとかげぎす』（ともに講談社）といった作品で、同様のテーマを変奏し続け、若い世代から広く支持されている。

思春期・青年期は、時代を映し出す鏡でもある。僕たちはオトナになると、誰もがその時期を経験してきたという事実を忘れてしまう。あげくに、かつて若者であったことなどまるでなかったかのように、彼らの「わからなさ」を嘆きはじめるだろう。

たしかに、若者風俗のありようは、戦後日本の社会的変動を如実に反映するかのように、大きく変容してきた。しかし、それはひょっとすると、見かけ上の変化に過ぎなくて、本当はたいして変わっていないのではないか。ラカンふうの言い方をするなら、想像的には激変したけれど、それを支える象徴的な構造は何一つ変わっていないのではないだろうか。

僕は精神科医として、思春期・青年期の問題をこれまで数多く経験してきた。そういう立場からみても、思春期には、鏡のようなうつろいやすさと時代を超えた普遍性とがともに備わっているように思う。あるいは、「うつろいやすく不安定である」という点においていつの時代も変わらない、という言い方のほうが正確なのかもしれない。

不安定なのが当然の時期

思春期について僕なりの考えを述べる前に、一般的な「思春期」についての考え方を、簡単におさらいしておこう。

思春期とは、子どもから大人へとうつりゆく人生の一時期を指す言葉だ。だいたい小学校高学年から中学にかけてはじまるとされている。

この時期には、体のうえでは第二次性徴があらわれ、これにともなって異性への関心や恋愛感情などが生じてくる。それだけではない。ものの考え方がどんどん抽象的、観念的になるのだ。「自分とは何か」「生きるとはどういうことか」といった、「哲学的」な問題について、真剣に考えたり悩んだりするようになるのもこの時期だ。

このように思春期には、心と体の成長の速度に不釣り合いが起こりやすく、しばしば不安定な状態になりやすい。

この時期にはまた、それまでの人間関係のあり方も大きく変わる。たとえば素直だった子が、急に両親に対してよそよそしい態度をとるようになったりする。親と外出することを嫌がったり、部屋に入られることを嫌がるようになる場合もある。まあ、こういう経験は誰にも覚えがあるだろう。

対社会的には、体だけはもう成熟しかかっていて大人とそう変わらないのに、まだ一人前扱いはされないという、中途半端な時期でもある。ただ、社会性という点では、大きな飛躍が起きる。同世代の仲間とのつき合いはいっそう親密になるし、仲間どうしの信頼関係が、親子間のそれ以上に高い価値を持つようになるのだ。

そして、性の目覚め。社会性の最大の飛躍は、実はこの点にきわまるのかもしれない。異性の視線を意識しはじめ、それまで仲良くしていた異性の友人から遠ざかるようになり、同性の

［図表01］ **エリクソンの発達理論**

発達段階
Ⅰ 乳児期
Ⅱ 幼児期初期
Ⅲ 遊戯期
Ⅳ 学童期
Ⅴ 青年期
Ⅵ 前成人期
Ⅶ 成人期
Ⅷ 老年期

エリクソンは、人間は常に社会との関わり合いの中で発達的に形成されると説き、その発達段階を上記のような8つの段階に設定した。

グループで固まるようになる。そこでいったん、同性どうしの親密な関係を経てから、ようやくおずおずと、異性との恋愛関係のほうへと歩み出していく。このあたりも、覚えがある人は多いはずだ。

さきほども述べたとおり、思春期は心身ともに不安定になりやすい時期だ。「思春期危機」という言葉があるが、まさにこの時期の不安定さゆえに、時として精神的危機に陥りやすくなる。思春期とはむしろ、不安定なのが当然の時期なのだ。

この不安定さを、E・H・エリクソンは「自己同一性（アイデンティティ）」の危機として考えた。自己同一性とは「自分は何ものか」という、社会的な位置づけについての感覚を指す。また「自分は自分である」という一貫性を指すこともある。

思春期に入る以前の子どもは、親や家族をよりどころとして、安定した自己同一性を持つことができる。しかし思春期に入ると、自分なりの同一性を新たに作り上げなければならない。それはしばしば、大きな困難をともなうことになる。それまで「手のかからない良い子」と思われていた子どもたちが思春期を迎えると、さまざまな精神的問題が生じることが多いのもこのためだ。

思春期の手前までは、家族という狭い社会のなかで、「良い子」でさえいれば十分に適応できた。ところが、思春期を迎えた子どもは、「良い子」であるだけではやっていけないような、広い世界に向き合うことになる。それまでのやり方が通じなくなって、子どもの自己同一性はしばしば混乱させられることになるのだ。

こうした混乱やショックなどがきっかけとなって、不登校、ひきこもり、摂食障害、非行、自傷行為など、さまざまな問題が生じてくる。これらは精神的な問題ではあるが、必ずしも一概に病気とは言い切れない。同じような危機を誰もが経験するし、そこで適応に失敗するかうまくやれるかは、能力よりは運や偶然の問題に近いところもあるからだ。

若者は「凶悪化」していない

さて、思春期・青年期は、犯罪をはじめとするさまざまな「攻撃性」において注目を集めがちだ。とりわけ一九九八年一月に栃木県黒磯市で起こった事件以降、「キレる若者」のイメージが一気に広がった。この事件以後も、ナイフ事件や、暴走族、校内暴力、いじめ、オヤジ狩りなどが続発している。

思春期にまつわる暴力のイメージは、いつの時代も根強く存在するが、近年になってしばしば指摘されているのは、思春期の暴力行動が、大きく変質しつつあるということだ。一見してそれとわかるような非行少年が減少し、外見的には普通の子が、突然、理由もなくキレて暴れ出すという傾向が一般的になりつつあるとされる。

いまや非行は特殊な青少年の行為ではなく、むしろ「誰もがキレる可能性を持つ」という認識のほうが当たり前になってきている。こうした個々のニュースだけをみていると、若者全体がどんどん暴力的になりつつあるかのような印象を受けてしまう。しかし、果たしてそれは本当なのだろうか。

いまからおよそ五十年近く前の一九六〇年、社会党の浅沼稲次郎委員長が日比谷公会堂で暗殺された。

この事件は犯人が十七歳の少年だったこともあり、社会的にも大きな波紋を呼んだ。ある週刊誌では「十七歳の危険な青春――暴走する若き世代の断層」という特集記事が組まれ、この年齢の身体的・心理的不安定さに関連づけた分析がなされている。

マスコミが、いまで言えばまさに「キレる十七歳」「動機なき凶悪犯罪」をこのように取り上げているさまをみていると、どうにも既視感（時代は逆だが）を禁じえない。若者自身も、若者へと向かう視線も、実は当時とそれほど様変わりしていないのではないか。

それでなくても若者論の混乱は、しばしばメディアの側の印象操作に原因がある。「キレやすい若者」や「青少年の凶悪化」といったイメージは、そういうイメージへの人々の欲望と、そうした欲望をあてこんだメディアとの共同作業で創作されたフィクションという面が確実にあるだろう。

それでは、若者は本当に凶悪化しているのだろうか？　しかし、そうした懸念の一方で、依然として若者の無気力化、意欲や希望のなさ、コミュニケーション能力の低下などへの嘆きも聞かれる。僕の考えでは、こういう傾向と「凶悪化」は決して相容れることはない。

いったい僕たちは、どんな青少年のイメージを持てばいいのか。凶悪な若者か無気力な若者か。統計が万能とは限らないけれど、こういう場合はとりあえず統計的な視点からの検証が必要になってくる。

平成十四年度犯罪白書の統計をみてみよう。若者の犯罪率は、長期的にははっきりと減少傾向にある。たとえば殺人による青少年の検挙数は、ここ十年ほどは、戦後最大のピークであった一九六〇年（昭和三十五年）の四分の一程度の水準を維持している。

強盗犯の検挙数はちょっと上昇気味にみえるけれど、これは聞くところでは、「強盗」の判断基準がゆるくなったせいらしい。まあたしかに、万引きして店員を振り払ったようなものまで「強盗」にカウントすれば、見かけ上増加するのもうなずける。だとすれば、やはり青少年の凶悪化はフィクションなのだろうか。

『〈非行少年〉の消滅』（信山社出版）という面白い本を書いた社会学者の土井隆義さんによれば、かつての非行の典型だった「逸脱キャリア型」の非行少年は減っているらしい。「逸脱キャリア型」というのは、非行集団に所属する少年が、非行を重ねながら犯罪傾向を強めていくタイプのことだ。

なるほど、そう言われてみれば、最近は非行少年らしい集団をあんまりみかけない。番長やスケバンは言うまでもないけれど、ヤンキーのファッションだって、もうお笑いやパロディのネタでしかないだろう。そういえば僕の郷里の岩手県は、かつて沿岸部の学校の荒れが随分問題だったけれど、最近その地方の校長会で聞いた話によれば、いまは昔のような非行少年はほとんどいなくなったらしい。

犯罪における国際比較でも、同じような指摘は多い。たとえば早稲田大学の長谷川真理子教授は「日本の若者は世界一、人を殺さない」（二〇〇三年四月四日付朝日新聞）と指摘している。殺人者の出現率が最も高いのが二十歳代の若者、というのは、ほぼ全世界に共通する傾向で、日本でも一九七〇年代まではそうだった。

ところが一九八〇年代以降は、この割合は低下して、現在ではワースト3にも入っていない(二〇〇二年の統計では、三十代、五十代、四十代の順になっている)。もちろん日本の若者も、非行や薬物依存などの問題を抱えてはいる。でも、若者全体に反社会傾向が急速に強まっているとは、とても言えない。ついでに言えば、欧米では大きな社会問題となっているヤングホームレスについても、日本ではまだ社会問題というほどの規模ではない(もっとも、最近はその予備軍ともいうべき「ネットカフェ難民」などが注目されているから、今後どうなるかは未知数だ)。

言うまでもないことだけれど、僕はなにも「日本の若者は平和なんだから非行の予防策なんて必要ない」などと主張したわけではない。ただ、物事にはたいてい優先順位というものがある。そういう意味では、少なくともいまの日本で「非行対策」は最優先事項とは言えないかもしれない、ということをまず確認しておきたいのだ。

三十年以上続く「無気力」モード

「荒れる」とか「キレやすい」とか非難されがちな若者は、なぜかいつの時代も、先行世代に比べて「やる気のなさ」や無気力ぶりを嘆かれる存在でもある。僕はもう二十年以上も前に「新人類」などと呼ばれた世代にあたるけれど、かつて新人類に対して言われた言葉が、あいも変わらず若者に向けて繰り返されているのをみると、もう「若者くさし」ってのは伝統芸の一種かな、という諦めの思いも湧いてくる。

もちろん若者が、その無気力ぶりを批判されるようになったのも、いまにはじまったことじゃない。すでに七〇年代、若い世代の「三無主義（無感動、無関心、無気力）」が言われている。大学に行かない大学生の「スチューデント・アパシー」が、新たな病理として紹介されたりもした。そういえば「シラケ世代」なんて流行語も、当時以来のものだ。

ここでちょっと驚くのは、この時点から現在の「ひきこもり」に至るまで、日本の若者のモードは基本的に「無気力」のままだということ。なんと一度も、大きな反動や反発が起こらないままいまに至っている。この安定ぶりはどうしたことだろう。

ところで、僕はさっき、日本の殺人者の統計で、五十代が二番目に多いというデータを紹介した。これに青少年の殺人による検挙数のピークが一九六〇年だったことを考えあわせると、どうやら団塊ないし全共闘世代が、やはりいちばん血の気が多かった世代じゃないかと思う。一九六〇年はちょうど彼らの思春期にあたるし、彼らが学生だった頃には、デモや内ゲバで友達が死ぬというようなことが、結構日常的にあったとも伝え聞く。

彼らをみていてわかるのは、若い世代をいちばん凶暴化するのは、ネットやテレビなんかじゃなくて、なんといっても「思想」だということだ。次いで「宗教」（「カルト」も含む）という順番になるだろうか。漫画やゲームのエロや暴力表現の影響なんて、この二大猛毒に比べたら可愛いものだ。これは半分余談だけど、思想信条の自由が認められている国で「影響力」を理由にメディア上の表現規制がうるさく言われるのは、矛盾じゃなければ何かのごまかしだと僕は思う。

二〇〇三年二月二十二日に読売新聞が発表した「全国青少年アンケート調査」は、いまの若い世代特有の気分が如実に反映されていて、なかなか興味深い結果になっている。もちろん、これが特別な調査というわけではない。似たような結果を示すアンケートはほかにもたくさんある。いちおう一つのサンプルとして、その結果を眺めてみよう。

これは中学生以上の未成年者五千人を対象に実施された調査だ。その回答の実に七五％が「日本の将来は暗い」と考え、同じく七五％が「努力しても成功するとは限らない」としている。しかしその一方で、「親の老後の面倒はみるべき」という回答は八二％と高い。

将来については出世志向よりも「好きな仕事（六九％）」や「幸せな家庭（六二％）」を重視し、経済的にも「ほどほどに暮らせればいい（四九％）」と考える若者が多い。この結果をみる限りでは、やはり若者全体の気分として、反社会性がきわだっているとは言えそうにない。

むしろ大多数の若者が、内向的かつ保守的な方向を向いているのではないだろうか。

非社会性を批判するレッテル

もちろん統計やアンケートがいつもあてになるとは限らない。やり方次第で、いくらでも結果を操作できるからだ。そんなとき僕がよく参考にするのは、その時代の流行語とかキーワードだ。いままで若者に与えられたさまざまなキーワードやレッテルをみていくと、若者の社会的イメージがどんなふうだったかがわかる。実はこれも、検討してみてあらためて驚いた。いままで、いろんなレッテルが若者のために作られてきたが、そのほとんどが、非社会的な若者を批判するための言葉なのだ。

ためしに列挙してみよう。不登校、おたく、フリーター、パラサイト・シングル、ひきこもり、ニート……。これらはすべて、非社会性に関係のある言葉ばかりだ。これに比べれば、反社会性を示すキーワードは意外なほど少ない。強いて言えば「ヤンキー」とか「援助交際」くらいのものだけど、いまはどっちも本来の意味においては廃れつつある。

それでは、順番にみていこう。まず「登校拒否」。これは用語としては本当は不正確で、「不登校」が正式名なのだが、レッテルとしての「登校拒否」はいまだに現役だ。実は不登校の歴史はけっこう古くて、わが国の最初の報告は一九五〇年代からある。当時はまだ珍しい「病気」みたいに思われていて、「学校恐怖症」なんて呼ばれていた。つまり、治療されるべき問題だと思われていたのだ。

ところが、その後も不登校人口はどんどん増加した。あまり増えすぎたせいもあって、もう特殊な病気とは言えなくなった。むしろ誰にでも起こりうる、ありふれた「問題」だということがわかってきたのだ。まだ「登校拒否」という呼び方もあったけれど、すべての子どもがはっきりした意志を持って「拒否」しているわけではないこともわかってきた。だから、呼び名もとことんニュートラルな「不登校」ということで落ち着いた。

ただ、不登校についてはまだ議論が分かれているところがある。治療すべきかどうか、無理にでも学校に戻すべきかどうか、こんな基本的な問題についてさえ、まだはっきりした決着をみていない。ただ言っておきたいのは、ひきこもりやニートなどの問題の一部が、不登校からの延長線上で生じることが多い、ということ。つまり不登校は、若者が非社会化していく最初のきっかけという側面を持っている。この点については、またあとで触れることにしよう。

さて、一九八〇年代に入ると、今度は「おたく」が登場する。子ども向けと考えられていたアニメやコミック、ゲームなどの趣味に、大きくなってからも熱中し続ける青少年が「おたく」だ。かつて「おたく」は、社会全体からの偏見にながらく耐えなければならなかった。そもそも「おたく」のイメージが、もともとネクラで社会性がなくて、ペドファイル（小児性愛者）みたいな変態が多い、というものだったのだから。

しかし、こうしたライフスタイルは、いまや欧米の若者にも広く受け入れられつつある。むしろ現在は、ソフトウェアを大量消費する層として景気の動向を左右し、あるいは日本が世界に誇りうる輸出文化の担い手として、ポジティブに評価されることも珍しくなくなった。ちなみに野村総研が二〇〇四年八月に発表した調査結果によれば、おたく人口は二百八十五万人と推計されている。

おたくと一般女性の恋愛を感動的に描いた『電車男』（中野独人、新潮社）がヒットしたり、おたくのシステムエンジニアが自虐をこめてつづった四コマ漫画『ぼく、オタリーマン。』（よしたに、中経出版）がベストセラーになったりして、おたくイメージもずいぶんと変わった。依然として誤解は多いけれど、かつてよりはずいぶんマシになったとも言える。

彼らがフィクションの中の異性に憧れ、あるいは愛《め》でる感情を「萌え」というが、この言葉もずいぶん広く知られるようになった。しかし、にわかに持ち上げられて一番とまどっているのは、当のおたくたちではないだろうか。たしかに以前よりはずっとましな状況だけれど、この言葉がもたらすイメージには、まだまだネガティブな部分が多いことは忘れずにおきたい。

フリーター、ニート、ひきこもり

一九八〇年代後半には、定職に就こうとせずに非正規雇用の「アルバイト」を転々とする若者の増加が目立つようになった。彼らは一九八七年に、リクルートの『フロムA』編集長・道下裕史氏によって命名された。その定義は「十五〜三十四歳の若年（ただし、学生と主婦を除く）のうち、パート・アルバイト（派遣等を含む）及び働く意志のある無職の人」というものだ。

命名された当時は、若者の新しいライフスタイルのように肯定的にとらえられたり、「フリーター」というタイトルの映画まで作られたりしたけれど、いまはそういう肯定的なニュアンスはどこへやら。せいぜいニートよりはちょっとマシな階層、くらいの位置づけだろうか。

内閣府が二〇〇三年に発表した調査では、広義のフリーター（予備軍を含む）は四百十七万人に達し、この十年間で倍増したらしい。なぜこんなに増加したのか。一つには若者たちの中で、転職や失業への抵抗感が薄れたことが大きいとされている。企業も長引いた不況のせいで、正社員よりも労働コストの低いフリーターを雇用しがちになったという事情もある。

ところで非社会性の問題は、なにも学校や仕事という場面だけで問題になるわけではない。非婚化や少子化だって、見方によっては一種の非社会性問題だ。これに関連して、「パラサイト・シングル」という言葉を取り上げておこう。

これは一九九七年に、社会学者の山田昌弘氏がこしらえた言葉だ。和製英語だから、そのままでは外国人には通用しない（ちなみに韓国では「カンガルー族」、ドイツでは「ホテル・ママ〈ママという名のホテル、の意〉」と言うようだ）。その定義は「学卒後もなお親と同居し、基礎的生活条件を親に依存している未婚者」というもの。

非婚率の上昇とともに、三十代に至っても独身のまま親元で過ごすライフスタイルが珍しいものではなくなった。「三〇代以上・未婚・子なし」の女性に対して酒井順子氏が命名した「負け犬」という言葉も、いまやすっかり定着している。

二〇〇〇年の国勢調査によれば、パラサイト・シングルは全国で男性が約六五一・二万人、女性が約五六八・六万人、合計で約一二一九・七万人に上るという。一九九九年に出版された山田氏の著書『パラサイト・シングルの時代』（ちくま新書）では、一九九五年の国勢調査にもとづくパラサイト・シングルの数は約一千万人と紹介されているから、パラサイト人口は着実に増えつつあるようだ。

さて、究極の非社会性問題と言うべき「社会的ひきこもり」は、一九九〇年代から急速に社会問題化した。定義は「六カ月以上社会参加がなく、精神障害を第一の原因としない」というもの。これは僕が考えた定義だけど、それなりに流通しているみたいだからこれで通しておく。

ところで、ときどき誤解されているので書いておくが、この言葉を考え出したのは別に僕ではないので、念のため。「ひきこもる」という言葉自体がもともと日常語だし、「社会的ひきこもり」に至ってはアメリカ精神医学会の作成した診断と統計のためのマニュアル「DSM-IV」に記された精神症状“social withdrawal”の直訳だ。

ひきこもりについては後の章でくわしく検討するから、ここでは簡単に済ませておこう。

「社会的ひきこもり」は、一九九〇年代から急速に社会問題化した現象だ。もっとも僕の考えでは、ひきこもりもほかの問題と同じように、一九七〇年代後半から徐々に増えはじめてはいた。それが最近になって、すごい勢いで注目されたに過ぎない。

社会的ひきこもりの若者は、必ずしも精神障害者ではない。でも、あまり外出もせず対人関係も持たずに何年間も部屋に閉じこもっていると、対人恐怖や被害妄想、あるいは強迫症状やうつ状態といった精神症状が後から生じてくることがあるから、こういう場合は治療が必要になる。あるいは家庭内暴力や心中未遂みたいな、かなり深刻なところまで追い詰められる家族もいる。

なかなか調査が難しいので、いまのところ全国でどのくらいひきこもりの若者が存在するかは正確にはわかっていない。岡山大学の調査では、ある地域の一般住民約千六百人に訪問アンケート調査を行い、そのデータにもとづいて、二〇〇二年度の時点で「全国でおよそ四十一万世帯」と推定している。ところで僕は「ひきこもり百万人説」の提唱者だけど、この調査法でこの数値なら、やっぱり百万人もありえなくはないと考えている。

さて、二〇〇四年以降、「ひきこもり」にかわって広く知られるようになったもう一つの若者問題としては「ニート」が有名だ。「NEET（Not in Education, Employment or Training）」とは、もともとイギリス由来の言葉だ。その日本版を作るにさいしては、日本側の事情に合わせて、定義などがずいぶん変更された。先日会ったイギリスの研究者は、これじゃNEETの日英比較ができないと嘆いていたけれど、そのくらい別物ではある。

ちなみに厚生労働省による定義はこんなふうになる。「仕事をせず、失業者として求職活動もしていない非労働力のうち、十五〜三十四歳で卒業者かつ未婚で、通学や家事を行っていない者」（平成十六年版『労働経済白書』）。ただし、「家事手伝い」をニートに含めるかどうかについては、含めない厚生労働省と含めるとする内閣府とで調査結果も異なっている。

内閣府の調査では、わが国のニート人口は二〇〇二年時点で八十五万人とのことで、いまも増加傾向にあるらしい。でも、ニートをめぐってはいろいろ批判もある。たとえば本田由紀氏は、実際にはニート人口はたいして増えておらず、増加しているようにみえるのは統計のトリックに過ぎないと主張している（『「ニート」って言うな！』光文社新書）。

たしかに、ゆきすぎた問題視は若者差別につながるという批判には同意できる。ただ、ニートという言葉のリアリティは、統計とかとはまた別の次元で広がっているように僕は思うのだ。

あえて言えば、レッテルとしてリアル、というか。

　非社会化というよりは、その一歩手前の、弱者化する若者を示す最新のキーワードが「ワーキング・プア」だ。これはメディアを中心に広がった言葉なので、公式の定義は存在しないらしい。一般には派遣・アルバイトなどの非正規雇用者で、正社員並みに働いても生活保護支給額以下の収入しか得られない貧困層を指すとされる。

　僕の考えでは、フリーター—ニート—ひきこもりの三者は連続していて、互いに移行しやすい状態だ。もしそうだとすれば、若者の非社会性とは、若者個人の気質の変化によってもたらされたのではないかもしれない。それらはむしろ、政策や経済状況といった構造的な要因によってもたらされている可能性が高いのだ。

三十五歳まで上がった成人年齢

　若者の未熟化がよく問題にされる。あれはどのくらい本当のことだろうか。僕の考えでは、これは若者に限った問題ではない。むしろ、いまの四十〜五十代よりも下の世代は、多かれ少なかれ、この問題を抱えていると思う。なにしろ僕自身、いまだに自分の未成熟さをもてあまして生きている自覚があるからだ。

　とはいえ、仕事をはじめとする日常のいろいろな場面では、年齢相応に振る舞うことも当然ある。ところが未熟さの自覚は、まさにそうした場面で発揮されるのだ。僕の自意識は、首尾良くトシ相応に振る舞ってみせた僕自分に対して、「おおー、なんかまるでオトナみたいじゃん！」と突っ込まずにはいられないからだ。

こういう感覚は、おそらく僕と同世代なら、必ずや少なからぬ人が共感してくれるだろう。僕より若い世代なら、なおのことそうだろう。あるいは、ひょっとすると彼らは、もはや成熟―未熟という区別に対する関心すら失っているのかもしれない。たしかに、いま「成熟」になにほどの価値があるかと問われれば、ちょっと口ごもらざるをえない。

そういう実感はともかく、いまなお子どもは成長すると、思春期・青年期を経て、徐々に大人になっていくと信じられている。ならば、いったいどんなふうに人は大人になっていくのか。ただ時間が経てば大人になるのか。もちろん、そんなわけはない。

たとえばかつては、さまざまな通過儀礼が存在した。わが国では十五歳前後で「元服」という儀式を経験し、幼名を捨てて大人になるとされていた。時代変わって、現代の日本では、成人式とは名ばかりで、いまや自治体が運営してくれる同窓会だ。酒・タバコは晴れて解禁だが、要するにそれは、人前でも堂々とたしなむことができるようになった、というだけのことだ。そこには、およそいかなる通過儀礼の意味もない。

現代の若者は、二十歳では成人しない。いまや成人年齢は三十歳である。そのように言われたのが、いまから二十年ほど前のことだ。いうまでもなく、時代が下れば、成人年齢はさらに上がる。ならば、いまはどうなっているのか。

僕はさしあたり「三十五歳」と考えている。なぜなら厚生労働省によるニートの定義が、「三十四歳まで」となっているからだ。先にも触れたようにこの定義はイギリスで使用されていたオリジナルを大幅に改変して、年齢にも十倍近い幅を持たせている。この定義が公式化されるに至って、僕には日本政府がついに「三十五歳成人説」を採用したのだ、といささか感慨深い思いがあった（というのはもちろん冗談で、フリーターも三十四歳までとなっていることからもわかるとおり、三十五歳という年齢は、年金の受給資格という点から重要な区分なのだ。そう、老齢基礎年金は二十五年間、保険料を払い続けなければ受給できない。ニートやフリーターのまま三十五歳を過ぎたら年金はもらえないのだ。政策が三十四歳までを対象とする、ということは、政府の若者対策に「年金の担い手」を確保するため、という側面があることを意味している）。

もちろん、三十五歳を過ぎればなにか意識が劇的に変わるなどということはない。変わると言えば、就労意識はかなり変わるだろう。ほとんどの求人広告は、年齢の上限を三十五歳にしていることが多いため、ニートやひきこもり青年たちにとって、「三十五歳超え」はなんとしても避けて通りたい難関だからだ。

社会の成熟度と個人の成熟度は反比例する

ところで、僕には社会と個人の関係について、一つの確信がある。それは、「社会の成熟度と個人の成熟度は反比例する」という命題だ。つまり、社会が成熟すればするほど、個人は未熟になっていく、ということだ。そう、おわかりのとおり、ここにも一種の「病因論的ドライブ」がある。「未熟さ」が病理であるとすれば、の話だが。

いわゆる成熟社会では、青年のモラトリアム期間が延長される傾向がある。つまり、「自分が何ものか」を問い続ける期間が延びる。だから、個人がなかなか成熟しにくくなるのは当然なのだ。反精神医学で有名なT・S・サズも、こんなふうに言っている。「『大人』というのは、子ども時代と老年期との間で、限りなく短縮し続ける期間だ。なぜなら近代社会は、この期間を最小にすることを目的としているのだから」。

じゃあなぜ、モラトリアム期間が延びるのか。社会心理学者のマスグローブは、「青年期は蒸気機関とともに発明された」と言っている。どういうことだろうか。言うまでもなく蒸気機関は、産業革命の原動力だ。産業革命は労働のあり方を一変させ、人々に富をもたらした。これが近代化の一つの側面だ。その結果、なにが起こったか。そう、まず子どもたちがようやく、重労働から解放されたのだ。

かつて子どもたちは、小学校高学年くらいの年齢になると、当たり前のように大人に交じって労働に駆り出されていた。日本でも、戦前までは、たとえば農村などにいくらでもそんな状況があった。人々は、子どもたちまで総動員して懸命に働き、日々の糧を得なければならなかった。そうしないと生き残れなかったからだ。

戦後の高度成長期を経て、日本人の多くが経済的豊かさを手に入れた。豊かになるとともに少子化が進み、子どもはかつてないほど大切にされるようになった。労働に駆り出されるどころか、勉強さえしていれば、いつまでも子どもでいることも許されるようになった。

子どもから大人に至る期間、すなわち思春期・青年期は、モラトリアムとしての学生時代にあたる。「学校化社会」と言われるほど偏差値や学歴が重視されるようになり、この期間はみるみる長期化した。長期にわたる勉強は、未来における高い社会的地位を約束してくれると、かつては信じられていたからだ。

総中流化と言われるほど、それぞれの家庭が豊かになってくると、今度は「共同体」の力が弱まっていく。かつて人々は、貧しさゆえに地縁や血縁などで結ばれた共同体として連帯し、互いに助け合って生きていた。ところが豊かさは、なかば必然的に、こうした結びつきを弱めてしまう。なぜか。

たしかに貧しい時代には、共同体は頼もしいよりどころではある。でも実際には、個人の生活にうっとうしく干渉してくるもの、という側面も持っている。下手をすると「村八分」みたいないじめも起きたりする。だから個人も家庭も、豊かになるほど共同体とは縁を切って密室化しようとする。これはごく自然ななりゆきだ。

よりよく生き延びることが何よりも価値を持つ時代は、人々の価値観も、それにあわせて成立していた。「働かざる者食うべからず」なんて、その典型だ。こうした価値観を育み、支えてきたのも、実は共同体なのだ。

でも、成熟社会にあっては、もう「生き延びること」は至上のテーマではない。価値を支える共同体も衰退していく。これはそうとう大変な変化だ。なにしろ価値観という扇子のかなめがはずれてしまったのだから。

ここから価値観の大混乱がはじまる。たとえば「殺してはいけない」「人に迷惑をかけてはいけない」「自分の行為には責任を取らなくてはいけない」といった、いままで当たり前と思われていた価値までが、その根拠を問われ、しだいに当たり前のものではなくなってしまうのだ。

本来なら、こうした価値観を個人が成長とともに取り込んでいくことも「大人になること」なのだろう。また、だからこそ価値観の定まらない社会にあっては、成熟そのものが著しく困難になってしまうのかもしれない。

もちろんこういう変化は、日本だけに限った話ではない。そもそも近代化された成熟社会とは、未熟さに対して寛容な社会ということでもある。個人が未熟なままでも生きていける社会、それが近代社会なのだ。子どものままでいていいのなら、いったいどれだけの人が、苦労して成熟したり大人になったりすることを望むだろう。

ただ、いくら社会が寛容になったとしても、そこになじめない若者が必ずあらわれる。なるほど、たしかに「ひきこもり」は日本に多いかもしれない。しかし欧米には、まだ日本にはほとんどいないヤングホームレスが大量にいる。どっちが優れた社会かなどということは、そう簡単には言えないのだ。

強化されつづける母子密着関係

若者の変質をもたらした、もう一つの大きな要因が、「家族の変質」だ。

僕の考えでは、外的な要因でいちばん直接的な影響力があったのがこの問題だ。「病因論的ドライブ」という点からみても、家族の問題ははずせない。前頭葉がダメになったとか遺伝子が劣化したとか、あるいは環境ホルモンみたいな疑似科学を持ち出すよりは、よっぽど合理的な説明ができるように思う。それが事実かどうかについても、きちんと検証することができるはずだ。

戦後、日本の家族のかたちは、かなり大きく変化を遂げた。では、どんなふうに変わってきたか。うんと大ざっぱに言えば、変化の中心は「少子化」と「核家族化」だ。ここまでは、そんなに異論はないだろう。

で、ここから先が少々議論の分かれるところだ。少子化と核家族化がなにをもたらしたか。家父長制のような「強い父親」の存在感はみるみる薄っぺらになっていき、そのぶん家族の中で「母子関係」という関係軸が、いっそう強化されていく。

おそらくこの点こそが、かなり特異な変化だったのだろう。同じように少子化や核家族化が進んだ欧米では、家族の基盤は相も変わらず、「両親の夫婦関係」のままなのだから。このためもあってか、親の再婚で家にいられなくなる子どもが欧米ではけっこう多いらしい。彼らの多くはヤングホームレス化していくことになる。

わが国の子育ての特徴として、母親が過保護・過干渉で、父親が養育に無関心という組み合わせは、もううんざりするくらい言われてきた。じっさい、臨床場面では、いまだにそういう組み合わせの両親が圧倒的に多い。おそらくこれこそが、強すぎる母子関係からの一つの帰結なのだろう。

ところで、こういう問題意識については、精神科医や社会学者の調査研究よりも、文学者の直感のほうが参考になることもある。たとえば江藤淳は、戦後の文壇に登場した新人たちが、みんな母と息子の甘ったるい幼児的な関係を描いていることに注目した（『成熟と喪失』講談社文芸文庫）。安岡章太郎とか、小島信夫といった、いわゆる「第三の新人」たちのことだ。江藤はその背景について、近代日本においては「母」の影響力が大きくなり、「父」のイメージが希薄化したせいだ、と説明する。

じゃあ、なんで父の影が薄くなったのか。これは、多分にいまの学歴社会と関係がある。近代の日本では、教育（＝学歴）と出世が強力に結びつく。だから、ほとんどの母親は、出世と縁のない夫（＝父親）を恥ずかしく思いながら、わが子にだけは期待をかける。将来の出世を夢見て、ひたすら子どもの教育に力を注ぐ。いわゆる「教育ママ」の登場だ。

こうして、父親の疎外と母子の密着は、ほぼ同時進行のようにして定着していった。これに加えて、日本ではとりわけ六〇年代以降、「専業主婦」が急速に増えたということも大きい。つまり、家事と子どもの教育にたっぷり時間をかけられる母親が増えたのだ。こうして母子の密着関係は、ますます強くなっていった。

上野千鶴子氏は、ここで母親の側の不安に注目する。専業主婦として、生産労働から離れた母の立場は、かなり不安定になる。だから、夫に失望した母親たちは、わが子の存在だけを生き甲斐にするしかない。そう、母親たちの不安もまた、母子を密着させる原因の一つ、というわけだ。

こういう母子密着型の文化では、いろんな問題が、母子関係から生じやすくなる。一番わかりやすいのは「近親相姦」だろう。欧米では父と娘の間で起こりやすいけれど、日本では母と息子という組み合わせが圧倒的らしい。家庭内暴力にしても、欧米では父が妻や子に暴力を振るうパターンがほとんどなのに、日本では子どもが母親を殴ったり蹴ったりしているタイプがまだまだ多い。殴っているのに「密着」とは？　という疑問については、僕がマザコンの説明でよく使う言い回しを引用しておこう。「イタリアのマザコンは母親にひっぱたかれても尊敬し続けるが、日本のマザコンは母親を殴りながら甘え続ける」と。

韓国でも「ひきこもり」が増えている

少子化、核家族化、あるいは母子密着、父親疎外、そして不登校とひきこもり。

驚いたことに、これらはみな、ほとんどワンセットまるごと同じ事態として、韓国でも起きているらしいのだ。

典型的には「雁《かり》パパ」という現象が有名らしい。最近の韓国は英語ブームで、金持ちの家庭では、子どもを中学くらいからアメリカやカナダに留学させたがる。韓国では英語力が出世のカギを握っているとされているからだ。このとき、ほとんどの母親が子どもに付き添って渡航してしまうため、父親はぽつんと一人、家に残されることになる。これが「雁パパ」だ、つまり「渡り鳥の父親」たちだ。

海外で暮らす妻子にせっせと仕送りしながら、母国に留まって孤独に働き続ける父親たち。これとは逆に、父親が遠方に別居して仕事をするパターンが、日本の「単身赴任」だ。逆のようだけど、どちらも母子密着と父親疎外につながるという点では同じ構造を持っている。

『マンガ嫌韓流』(山野車輪、晋遊舎)なんて本があるように、日本人と韓国人は、国民性がずいぶん違うと思われている。でも僕は、実はそうでもないんじゃないか、と考えている。韓国の反日や、日本の嫌韓の動きは、どうひいき目にみても「近親憎悪」だ。韓国人と日本人は、実は互いを鏡にできるくらい、良く似たところがあるのではないか。少なくとも文化的にみれば、いずれも「儒教文化圏」に含まれるわけだし。

もちろん日本と韓国とでは、社会文化的背景もかなり違う。韓国の若者には十九歳から二年間の兵役が義務づけられているし、共同体や血縁の絆も、まだまだ日本よりはずっと強い。インターネットの浸透度も日本以上だ。でもそういう違いというのは、言ってみれば程度の差で、本質的な差ではないのかもしれない。

儒教文化圏をベースに急速に発展し近代化を遂げたという点では、韓国と日本は構造的に似ているところもずいぶんある。だから韓国で「ひきこもり」や「おたく」が増えつつあるといっても、別に不思議ではないとも言える。むしろ、韓国と日本の若者や家族を比較文化的に考えておくことは、きわめて重要な視点ではないだろうか。

もちろん「ひきこもり」を日本人論につなげることも不可能ではない。そういう試みとして、マイケル・ジーレンジガーの『ひきこもりの国』(光文社)などという本もあるくらいだ。ただ、良かれ悪しかれ、日本特殊論はしばしばナルシシズムの産物でしかない。これは要するに「ナンバーワンよりオンリーワン」などと言いたがる自己愛のことだ。

日本と韓国のように、類似したものを比較しつつ考えることは、文化の表層的な違いに惑わされずに、深層において共通するような構造的要因、つまり「病因論的ドライブ」をみつけるうえで役に立つだろう。

それではなぜ、韓国でもひきこもりが増えつつあるのか。この点については、後の章でくわしく述べることにしよう。

第二章 欲望を純化するネット社会

近くにいるのに限りなく遠い

二〇〇二年に公開され、大きな反響を呼んだ短編アニメ作品に新海誠『ほしのこえ』がある。主人公の少年と少女は、何光年も離れた宇宙空間を介して、(なぜか)携帯電話でメールを交換し合う。中学生の少女が(なぜか)国連軍の選抜メンバーに選ばれ、遠い惑星へ異星人の探索調査におもむくことになったからだ。

宇宙のはるか彼方で、世界の存亡をかけて戦う少女が、携帯メールに託して少年に送るほのかな恋情。この作品は、すれっからしのおたくや批評家を何人も泣かせた。もちろん、ただ泣けるだけの作品ではない。彼らの距離は、現代の若者にとってのコミュニケーションのありようを見事にあらわしている。どういうことだろうか。

どれほどメディアが発達しても、とりわけ思春期においては、他者とはこのように身近であると同時に、限りなく遠い存在でもありうるということ。そのような意味から考えても、人生で一度は観ておきたい作品だ。この三十分ほどの濃密な作品を、まだ若く無名だった新海監督がほとんど独力で創り上げた事実にも驚かされることだろう。

成熟というのは、人間関係の遠近法が、ある程度安定してくることも意味している。要するに、自分にとって相手の存在がどんな意味や価値を持っているかが定まりやすくなってくる、

[図表02] ひきこもり系とじぶん探し系の対比

ひきこもり系		じぶん探し系
低い	**コミュニケーション能力**	高い
少ない	**友人の数**	多い
安定	**自己イメージ**	不安定
自分自身との関係	**自信のよりどころ**	仲間との関係
インターネット	**親和性の高いメディア**	携帯電話
高い	**一人でいられる能力**	低い
シゾイド人格障害	**精神障害との関連性**	境界性人格障害
社会的ひきこもり		解離性障害
対人恐怖症		摂食障害

ということだ。思春期にあっては、この遠近法が定まりにくい。ここに携帯電話や電子メールが介在することで、「遠近法」はいよいよ混乱してしまう。つまり、さまざまなメディアの介在によって、未成熟さがいっそう助長されるという側面があるのではないだろうか。

この章では、そうした思春期とメディアの関わりについて考えてみたい。

ひきこもり系? じぶん探し系?

僕は俗流の心理テストとか性格分類とかが嫌いで、自分で試してもほとんどピンときたためしがない。にもかかわらず、かつて一度だけ、性格分類めいたアイディアを提案したことがある。

それが「ひきこもり系」と「じぶん探し系」という「分類」だ（『若者のすべて』PHPエディターズ・グループ）。これは見かけ上は性格分類だが、実はちょっと違う。強いて言えばモード分類だ。モードだから入れ替わることもあるし、部分的に混ざり合ったりもする。

「ひきこもり系」というのは、非社会的モード全般を指す言葉だ。文字どおり、自室にひきこもっている若者も含まれるけれど、普通に社会参加はしていても、他人と交わるよりは自分の世界を追求しているほうが好きな若者もここに含まれる。

一方「じぶん探し系」というのは、コミュニケーションが巧みで友人が多く、行動的で活発な若者のことだ。いや、正確には、そういう社交モードのことだ。

なぜ僕は、あえてこんなモード分類を試みたのか？　思春期にあってはことのほか大切な、「コミュニケーション能力」と「自己イメージ」について考えるためだ。

実はこの分類は、単なる思いつきではない。あるいは臨床だけからの発想でもない。ある雑誌の企画で、原宿と渋谷の若者を対比してみよう、という記事を担当したことがある。その取材のために編集者が連れてきてくれた数名の若者にインタビューして、その結果からこういう分類がみえてきたのだ。

まず僕が考えたのは、コミュニケーション能力と自己イメージは逆相関するのではないか、という仮説だった。つまり、一方が高いほど一方が低くなるということ。ちょっと、これだけではわかりにくいだろうか。

たとえば「ひきこもり系」の若者は、一般にコミュニケーションが苦手か、あまり積極的ではない。ところが彼らは、わりと安定した自己イメージを持っていることが多い。原宿で出会った若者には専門学校に通っている人たちが多かったが、彼らは必ずしも友達の数がすごく多くはなかった。対人関係といえば、気のあった何人かの友人や恋人とたまに会うくらいだ。でもそのかわり、自分が将来やってみたいことや、自分なりの趣味嗜好がけっこうはっきりしている。

一方「じぶん探し系」の若者たちは、コミュニケーションが得意で誰とでもすぐ親しくなれる。友人の数も異常に多い。おそらく町なかで見かけることの多い「元気な若者」には、僕がここでいうところの「自分探し」タイプが多いと思う。渋谷で出会った若者も、圧倒的にこっちのタイプが多かった。

彼らは対人能力にすぐれていて、柔軟な適応力もある。だから一見したところ、何の問題もない健康な若者にみえるけれど、実は彼らにも「弱点」はある。親しい対人関係から離れると、自己イメージが不安定になりやすいのだ。場の空気を読んだり、周囲に合わせたりする力はすぐれていても、周囲の仲間と切り離して自分を語る言葉は、あんがい乏しくなりがちだ。

これはもちろん、どちらが優れている、という話ではない。強いて言えば、どちらも一長一短だ。たとえば、「じぶん探し系」は、コミュニケーションは得意だけど、ガマンがきかないからキレやすい。対人関係で自分を支えているぶんだけ、社会適応に失敗するとリストカットしたり、あるいはカルトに走ったりしやすい。「ひきこもり系」は人づきあいは苦手だけれど、そのぶんガマンづよい。ただ、社会に居場所を失うと、本格的にひきこもりになってしまうことがある。

なぜこういう傾向が生じるのか。おそらく人間の「内面」というものは、他者とのコミュニケーションに葛藤することから生まれるものだからだ。葛藤が強すぎれば内面の重みで潰れ込むことになるし、葛藤がなさすぎれば内面も希薄になってしまう。コミュニケーション能力を「外面」と言い換えるなら、内面と外面とのほどよいバランスを獲得する過程が「成熟」の一面、ということになるかもしれない。

僕がこのささやかな分類を提案したのは、若者をみる視点を、もっと立体的にしたかったから、ということもある。若者論の多くが信頼できない理由の一つとして、視点が単純素朴すぎるということがある。たとえばコミュニケーション能力の乏しさとキレやすさが両立しえないものかもしれない、と疑ってみること。そういう複眼的な見方が徹底的に欠けているのだ。さらに言えば、僕は「ひきこもり系」と「じぶん探し系」という分類が、若者だけに適用されるとは思っていない。ずっと年長の世代にも、ある程度はあてはまると考えている。こうした

「外面」と「内面」の対立は、おそらく世代を超えて普遍的なものだ。

どうしても誤解されがちなので繰り返しておくけれど、この分類は、性格の分類とはちょっと違う。むしろ性格とは無関係、とすら言える。おそらくその人が、最初の適応場所をどこに選んだかによって、全然モードが違ってきてしまうこともあるはずだ。

たとえば、たまたまコミュニカティブな集団に適応できてしまい、周囲と同じように振る舞ううちに、すっかり「じぶん探し系」になってしまうこともある。あるいは所属すべき集団をどうしても見つけられず、本当は人づきあいが好きなのに「ひきこもり系」のような生活になってしまう人もいる。そう、人間は、必ずしも常に自分に合った環境を選べるわけではないのだ。だからこの分類は、性格というよりは、「その人と環境との関係」についての分類、ということになる。

コミュニケーション能力で決まる勝ち組・負け組

世代を問わないとはいえ、この分類は若い世代ほど「コミュニケーション格差」としてあらわれてくることになる。それどころか、この二つの傾向への両極化は、ますます進みつつあるように思われてならない。

携帯電話の普及のおかげもあって、百人を軽く超える数の友人を持ち、毎日のように濃密に交流し合う「じぶん探し系」の若者が増えている。しかしその一方で、思春期以降ひとりの友人とも親密な交際をした経験がないという若者も増えている。現にその一部が、僕たちの外来に「ひきこもり」として訪れてくる。

そう、思春期の「勝ち組」と「負け組」は、まずコミュニケーション能力において決まるのだ。僕は若い世代の対人評価が、いささか「コミュニケーション・スキル」に偏りすぎなのではないかと懸念している。いまや教室は「友人がたくさんいて、誰よりも笑いが取れる人間(キャラ)」の一人勝ち空間になりつつあるのではないか。

逆に言えば、たとえコミュニケーションが苦手であっても、「勉強ができる」「スポーツが得意」「絵やゲームなどの才能がある」といった別の能力で挽回できるチャンスが、どんどん減っているように思われてならないのだ。

このため、なにかのはずみで「自分はコミュニケーションが苦手だ」と思い込まされてしまった子どもは、早々と自分自身を「負け組」に分類してしまう。自分で自分にレッテルを貼ってしまうわけだ。まずいことに思春期というのは、「ゼロか百か」「善か悪か」「敵か味方か」という二元論が、あっさり絶対化されやすい。おまけに、なにか悪いことが起こると、それが永遠に続いてしまうと思い込んでしまいがちな時期でもある。

だから、いったん自分に弱者の烙印をおしてしまうと、考えは堂々巡りしながら凝り固まっていく。時には「自分はずっと日陰の人間で、日の当たる側には一生行けない」などと、かたくなに思い込んでしまうことすらある。

こうして「コミュニケーション格差」が開いていく。携帯電話やメール、チャットなどといったメディアの発達が、この二極化をいっそう推し進める。この格差競争についていけず脱落した人の一部が、実際にひきこもってしまうことも珍しくない。

ところで、コミュニケーションにおける「勝ち組」が、その後もずっとハッピーかといえば、そうとは限らない。教室では人気者になれたとしても、必ずしも「勝ち組」としての未来は保証されていないからだ。彼らは思春期のうちからコミュニケーションに多大なエネルギーと時間を費やすためか、学歴や職歴においては必ずしも勝者たりえない。

つまり思春期を勝ち残るのは、きわめて要領の良い「じぶん探し系」か、ルサンチマンをバネに向上心を捨てなかった「ひきこもり系」かのいずれか、ということになる。まさにサバイバルだ。僕ぐらいの年になれば、どう転ぶかわからないから人生は面白い、とか言えるけれど、思春期のただ中では、そんなのはオッサンのたわごとに過ぎないだろう。それでもあえて「なんとかなるから大丈夫」とは言っておきたい。

開放系メディアと閉鎖系メディア

こうした「コミュニケーション格差」から、さまざまな問題が生じてくる可能性については、みてきたとおりだ。じゃあなぜ、この格差が、いままで以上に問題になっているのか？　その背景には、最近十年間におけるメディア環境の激変がある。

これから少しばかり、そうした変化について、簡単になぞってみよう。おそらく、これから書くような内容は、ふだんからネットに接続している人にとっては、ほとんど常識的なことばかりだろう。ただ、もう少し上の世代にとってはそうとも限らないので、ここではネットの世界を中心に、広く浅く解説しておく。

ここ三十年ほどの間で、世界のメディア環境は激変した。とりわけ最近十年間に起きた変化は、おそらく空前絶後のものだ。絶後とまで言うのは、インターネットと携帯電話の普及に匹敵するような技術革新が、この先再び起こる可能性がほとんどないからだ。少なくとも二十年前には、これほど多くの人が携帯電話を持つことも、インターネットや電子メールのシステムがこれほど急激な進化と普及を遂げることも、予想できた人はほとんどいなかっただろう。

このようなメディアの進化に、最も鋭く反応したのが若者たちだ。変化についていけず取り残されがちな旧世代をしりめに、若者たちは便利なメディアとみるや、やすやすとその使用法をマスターし、大人たちが予想もしなかったような使い方まで編み出していった。

とりわけ携帯電話の急速な普及は、若者のコミュニケーション格差を広げるうえで大きな役割を果たした。携帯を嫌い、持とうともしないひきこもりの若者たちがいる一方で、携帯なしでは生きていけないほどそれに依存し、常に誰かとつながっていることを求める若者たちの落差である。

僕の印象では、じぶん探し系の若者たちは携帯の利用率が圧倒的に高く、それに比べればインターネットの利用頻度は少ない。でもひきこもり系の若者たちはその反対だ。彼らは携帯で話す時間よりも、ネットに接続している時間のほうが圧倒的に長いのだ。メディア利用のありかたも、決して一様ではない。

ここでかりに、携帯電話を開放系メディア、インターネットを閉鎖系メディアと分類してみよう。匿名性の低い前者は、生身の人間関係による補完を必須のものとするが、匿名性の高い後者は必ずしもそうではない。つまり、現実の人間関係に対して開放的か閉鎖的か、という分類である。

わかりにくいので言い換えよう。「携帯で話す相手」は、僕にとっては「一度は会ったことがある」もしくは「これから会う可能性がある」相手だ。でなければ「会うかわりに携帯で話す」ということがほとんどだ。

でもメールは違う。会ったこともなく会う可能性もない相手とは、携帯で話すのはちょっと抵抗あるけど、メールなら気軽にやりとりできる。この違いは、けっこう大きい。さっきもちょっと触れたように、じぶん探し系の若者は圧倒的に開放系メディアに親和性が高く、ひきこもり系の若者は閉鎖系メディアへの親和性が高いからだ。

つながりたいけれど親密になりすぎるのは嫌

そこで、まずは閉鎖系メディアの代表であるインターネットの普及についてざっとみてみよう。

およそ二十年前の日本では、電子メディアといえば、電話やFAXをのぞけば、まだパソコン通信くらいしかなかった。FAXも高価なためほとんどは業務用で、一般家庭には普及していなかった。当時は電子メールも一部のマニアが熱心に使用していただけで、一般にはほとんど知られていなかった。

パソコン通信は、パソコンの普及にともなって、九〇年代に入ってから急速に広がりをみせ、九〇年代半ばには利用者が三百万人に及ぶほどになった。本来マニアだけがほそぼそと楽しんでいたものが、急速に普及して、学生や主婦まで気軽に使える電子メディアになったのだ。もちろん前の章でも触れた「おたく」文化の広がりが、パソコン通信文化の広がりに大きく貢献したということもある。

九〇年代後半になると、いよいよ今度は、インターネットが急速に普及しはじめる。ここでインターネットとパソコン通信との違いについて、簡単におさらいしておこう。

パソコン通信は、それぞれのパソコンを大きなホストコンピュータに接続し、その内部で会員同士が仮想的にやりとりするものだ。だから会員以外は参加できない。もちろん海外とのやりとりも簡単にはできなかった。

これに対してインターネットは、コンピュータ同士を直接接続し合うタイプのネットワークだ。実際にはプロバイダーという業者を介して接続し合うことになるが、それでも自由度はずっと高い。世界中どこにいても、通信環境さえあれば誰とでもつながれる。

文字、つまりテキストデータ中心だったパソコン通信と違って、インターネットではあらゆる情報がゆきかうことになる。そう、文字ばかりじゃなく映像も音楽も。パソコンの性能も飛躍的に向上し、高性能で安価なパソコンが出回るようになり、世界一安価なブロードバンド・ネットワークが整備されて、インターネットは一気に普及した。

そもそもインターネットは、それ自体がコミュニケーションの道具であるというよりは、むしろ一つのコミュニケーション環境だ。この仮想環境の中で、さらに無数のコミュニケーション形式が生まれ、多様な発展を遂げつつある。それらについても、ざっと眺めてみよう。

まずは「チャット」。電子メールは送ってから、相手が読んで返信するまでに時間差がある。

でもチャットでは、リアルタイムで文字のやりとりができる。パソコン通信時代からいちおうチャットは可能だったのだが、インターネットの普及と簡単な無料ソフトのおかげで、若者を中心にチャット人口は一気に増えた。

僕も経験があるけれど、交わされるやりとりの内容は、かなり単純な挨拶や世間話がほとんどだった。やってみてわかったことは、チャットは話題そのものよりも、リアルタイムでやりとりすること、つまり「いま、つながっている」という感覚のほうに価値がある、ということだ。

最近は文字だけのチャットばかりじゃなくて、ボイスチャットといって声が使えるもの、さらにはビデオチャットで画像も、というふうに進化しているようだ。これらに加えて、メールとチャットの中間的な機能を持つ「インスタントメッセンジャー」というツールがよく使われるようになっている。

若い患者たちの話を聞いていると、ひょっとしてブログ（後述）や電子メール以上に利用されているんじゃないかと思えるのが、「電子掲示板（BBS）」だ。その意味するところは、まさにいわゆる掲示板と変わらない。ただし仮想空間に置かれているだけあって、書き込みの数や情報量もケタちがいに大きい。

誰でも匿名で発言できるうえ、面白い話題や発言には、別のメンバーからレス（反応あるいは返事）がつけられ、やりとりがどんどん発展していく。時にはほとんどチャットのように、ほぼリアルタイムで書き込みがなされることもある。マスコミには出にくい話題や、少年事件の犯人の実名といった裏情報が読めるため、毎日沢山の人が閲覧している。しかし、一種の無法地帯だけに、もちろん危険な側面もある。

たとえば二〇〇〇年五月に佐賀県で起きたバスジャック事件では、容疑者である十七歳の少年が、犯行直前にある巨大匿名掲示板に犯行予告を書き込んで話題になった。こうした犯行予告や、犯罪の共犯者を募るような書き込みも時折みられる。それほど悪質なものではないにしても、掲示板には日常的にさまざまな誹謗中傷（「荒らし」と呼ばれる）が書き込まれがちだ。

それを読んで傷つけられたり、あるいは「フレーミング（炎上）」と呼ばれる罵り合いに発展して、収拾がつかなくなる場合もある。時には露骨な個人攻撃もあり、名誉毀損《きそん》で裁判沙汰になったりすることもある。日本人に顕著な傾向として、匿名のほうがむき出しの悪意や攻撃性が発揮されやすいということもこれに拍車をかけているかもしれない。

ネット上の仮想空間では、現実の対人距離にあたるものが近くなりすぎるような印象もある。密室の中で向き合っている相手とは、小さな権力争いがすぐに激しい争いに結びつきやすいものだ。これとそっくり同じことがネット上でも起きているのかもしれない。

匿名掲示板が無法地帯なら、もう少し穏やかなやりとりの場所としては「ブログ」がある。

ブログとは何か、をくわしく論じ出すときりがないし、実際にみてみれば一目瞭然なので、ここではごく簡単に説明しておこう。これは個人が運営するウェブサイトの一つの形式で、一番上に一番新しいテキストが表示され、古いテキストは順繰りに下にさがっていくというもの(加野瀬未友氏の定義を参考にした)。中身はだいたい日記かそれに準ずる身辺雑記みたいなもの、あるいは本や映画の感想、時には時評的な内容のものもある。要するにいろんなものがある。

ホームページを一から作るのはけっこう大変だ。でもいまは、いろんな企業が便利なブログ作成ツールを無料で提供してくれる。これを使えば、専用のソフトを使わなくても、簡単に格好いいウェブサイトを作れるし、そこから自分の意見を世界中に公表できる。だからいまでは、そういうブログツールを用いて作られたサイトがブログであるという、単純と言えば単純な話になっているようだ。

さっきもちょっと触れたように、ブログの内容というのは、日々の細々した出来事や感想がもっとも多い。大半は匿名で書かれているけれど、中身を読めばほとんど個人が特定できそうなくらい、さまざまなプライヴァシーが具体的に書き込まれていることも少なくない。ここには矛盾する二つの欲望がある。ネット上では匿名であることを望む一方で、自分の日々の呟きや感想に共感してくれる相手を強く求めているようにみえるのだ。

それはまるで、インターネットという大海に、メッセージを入れた瓶を投げ込んで返事を待つような、孤独な作業にもみえる。ただしこの場所では、反応はずっと素早く、確実に返ってくるという点が違う。ともあれそこには、現代の若者たちが持つ独特の孤独感や疎外感、あるいは誰かとつながりたいのだけれど、でも親密になりすぎるのはちょっと困るといった、矛盾した欲望がみてとれるような気がする。

こういう欲望は、SNS（ソーシャルネットワーキングサービス）が普及するようになってから、いっそう深まったようにも思える。SNSというのはネット上に仲間内だけの閉じたコミュニティを作るためのツールで、仲間限定だからかなりプライヴェートな情報も共有できるし親密度も高い。日本では最大手のSNSである「mixi」には、すでに一千万人近い参加者がいるという（二〇〇七年五月現在）。

ネットは無限に開放的な空間にも見えるけれど、あまり開かれすぎると不安になる人も出てくる。やはり親密なコミュニケーションはどうしてもローカルな空間に凝集しやすい傾向があるようだ。

閉鎖系メディアとしてのインターネットについては、だいたいこんなところだ。マニアックな人には全然物足りない説明だろうけれど、これはそういう本じゃないから、このくらいでガマンしておいてほしい。

特殊な親密さのモード

次に、開放系メディアについても検討してみよう。

前に述べたように、閉鎖系メディアは、現実の人間関係に直接の影響を持ちにくい性質がある。メールでは親しくやりとりしていても、実際に会うときはちょっと緊張したりすることは、誰にでも覚えがあるだろう。

一方、開放系メディアは、おおむね人間関係を補完したり円滑にしたりするという位置づけを持つ。時には現実の人間関係をいっそう強化したり、対人ネットワークを広げたりするような場合もある。

九〇年代半ばに爆発的に普及した「ポケットベル」は、本来はサラリーマン、あるいは医師や警察官などの緊急連絡用に一部で用いられていただけだった。しかし、より安価に普及し、文字も送れるなどの付加価値がついてからは、女子高校生などを中心に一気に普及したのは記憶に新しい。なにしろ彼女たちは、数字だけで互いにメッセージを送り合うという、暗号めいた裏技まで開発してしまったくらいだ。

ちなみにポケベルは、普通の若者が自分専用のコミュニケーション・ツールを持つことを可能にした、ほぼ最初の道具だった。ポケベルと個人情報誌などを利用して、多くの異性と知り合いになったり、互いに文字を送り合って「つながり」を確かめ合ったりするという、携帯電話にも通ずる希薄なコミュニケーション・スタイルは、このころ確立したように思う。

　しかし、これほど流行《はや》ったポケベルのブームはかなり短期間で終息する。いうまでもなく、携帯電話とＰＨＳの普及が取って代わったからだ。伝えられる情報量が比較にならないほど豊富な携帯が台頭するのは、当然といえば当然のことだった。

　携帯電話は、いまやほとんどの人が所持するまでに普及した。現在、携帯電話に組み込まれた機能はあまりに多く、通常はそのごく一部しか使われていない。最新の携帯は、モバイルコンピュータ並みの性能を備えているため、メールや掲示板もパソコン同様に利用できる。だから、その機能についてくわしい説明はしない。

　ただ、携帯の使用法で驚いた点については何点か触れておきたい。

　僕がインタビューした若者、とりわけ「じぶん探し系」に属する若者たちは、その携帯に数百人分のデータを詰め込んでいた。それは文字どおり、人間関係のデータベースとなっていたのだ。しかも驚くべきことに、彼らはその全員の顔と名前が一致するのだという。だからなのか、彼らは時折、携帯をロシアン・ルーレットのように用いることがある。アドレス帳からでたらめに番号を選んでかけ、出た相手と普通に話すというのだ。

　携帯メールは、ＰＣから送るメールと原理的には同一だけれど、メディアとしての認識はまったく異なっているのだろう。情報量が少なく、一件打つだけでもやたらと手間ヒマのかかるこのメディアは、しかし若者が最も広く用いているメディアでもある。なにしろ携帯電話にはほとんど出ない僕の息子が、メールだけはせっせと打つのだ。

最近の調査では、なんと携帯電話利用者の約四割が、ほとんど通話には利用しないと回答しているという（二〇〇七年七月十九日付「RBB TODAY」）。いまや携帯はメールのために存在するといっても過言ではない。

僕の推測では、携帯メールはその打ちにくさにこそ価値がある。手間ヒマをかけてほんの二、三行の文章を作り、送り合うこと。それは純粋な親密さの交換であり、限りなく「毛づくろい」に近いコミュニケーションなのだ。

こうした携帯メール文化は、人間関係のありようも劇的に変えてしまった。

ある世代までは、たとえ同じ中学を卒業しても、別々の高校に入ってしまえば、そこで人間関係はなんとなく途絶えてしまうのが当たり前だった。しかし現代の友情はそう簡単には終わらない。互いのアドレスを知っている限り、通学先は変わってもメールを通じての友達づきあいは続けられる。小・中・高と友達を持ち越して、親密な関係を維持できるのだ。これが友だち増加に拍車をかけたのは間違いない。

友だちと知り合ったら、まずメアド（メールアドレス）を交換する。友人関係がわずらわしくなったら、メアドを変更して、切りたい友だちには新しいアドレスは教えない。同じ内容のメールを同時に複数の友人に送って、返事が来た相手とやりとりを続ける。メールを出したのにその日のうちに返信がないと、疎遠になったのではないかと不安になる。

携帯電話は一般に、広く浅い人間関係をうながすメディアと思われがちだ。でもひょっとしたら、それだけではくくれないような、特殊な親密さのモードをもたらしているのかもしれない。

もちろん開放系メディアは、携帯電話だけではない。生身の関係をつなぐテクノロジー全般をそのように呼ぶとすれば、たとえばカラオケボックスやプリクラにしても、立派な開放系メディアに分類できる。

中高年の専有物だったのは大昔の話、現代のカラオケは、立派な若者文化の一つである。最新のカラオケボックスでは、何万曲ものデータベースからＭＩＤＩ情報がブロードバンドで配信され、歌唱技術の採点までしてくれる。いまや若者が音楽ＣＤを買うのは、聞いて楽しむためばかりではない。流行の曲を覚え、仲間と一緒にカラオケで歌うことも、音楽を消費するスタイルの一つとしてすっかり定着している。

その意味では、いわゆる「プリクラ」（正式名「プリント倶楽部」）もちょっとしたサブカルチャーだ。説明するまでもないが、これはゲームセンターなどに置かれている簡便な写真撮影機のことだ。友人などと一緒に撮影すると、すぐに現像され、好みのイラスト枠に入った小さな顔写真シールができ上がる。

プリクラは九〇年代後半に、女子高生を中心に爆発的な人気を博した。彼女たちはノートやシステム手帳、携帯電話などに、撮影したシールをびっしりと貼って互いに見せ合っていた。一緒に写真に写ることは親密さの証で、プリクラ手帳に貼られたシールの数は友達の多さの証明になる。いまはひところほどの勢いはないけれど、廃れたというよりは、若者文化の一つとして定着したようにもみえる。

つながるだけでは満たされない心

しかしもちろん、若者同士の出会いには、「つながりたい」だけでは済まない欲望がいろいろと絡んでくる。最大のものはなんといっても「性欲」だ。たくさんの異性とセックスしたいという欲望が、現代ほど手軽に実現する社会はかつてなかった。

かつてはいわゆる「ナンパ」しかなかったものが、いまや携帯電話とネットのおかげで、出会いの敷居が下がり、選択肢はやたらとふえた。メディアの多くは、性風俗産業と常に密接な関係にある。まずは異性同士の出会いが、メディアによってどんなふうに媒介されてきたか、その歴史的経緯をざっと追ってみよう。

九〇年代初頭に登場し、現在もそれなりに続いている性風俗産業に「テレフォンクラブ（略称テレクラ)」がある。業者は回線と電話を受けるスペースを提供し、電話番号を書いたチラシを町中にばらまいておく。たったこれだけの設備で、主に性交渉を目的とした出会いが可能になるのだ。

ほかにもインターネット普及以前は、有料の電話回線を使った「ダイヤルQ²」のサービスや、さらにシンプルな「伝言ダイヤル」を利用したものもあった。

しかし九〇年代後半以降、つまりネットと携帯の普及以降は、この状況は劇的なまでに変化した。その代表格が、いわゆる「出会い系サイト」の存在だ。

これは、特定のサイトに自己紹介とアドレスを登録しておくと、それを読んで関心を持った異性からメールが届くというシステムだ。たしかに異性と出会うためには、これ以上安くて簡単なシステムはないだろう。匿名のまま関係が持てるという意味での気安さもある。しかし、安易さの裏には大きな危険もひそんでいる。

メール交換から安易に性的関係を持ってしまったり、レイプなどの性犯罪につながったり、関係がこじれてストーカーや殺人事件に発展したりするなど、これまでにさまざまな事件が起きている。二〇〇三年にようやく「出会い系」を規制する法案が施行されたけれど、法的な規制だけで果たして済むことなのかどうか。

出会いとつながりを求める孤独な思春期の心は、そうした場所を求めて、どこまでもさまよい続けるだろう。ネットの規制が厳しくなれば、より規制の緩やかなテレクラや伝言ダイヤルが復活するだろうし、現にそうした動きが一部でみられているらしい。

僕はこの問題の背景に、「性」と「匿名性」の相性の悪さ、という問題がひそんでいるような気がしてならない。あとでもう一度触れるけれど、規制が本当の意味で効力を発揮するためには、こうした「匿名性」を含む、問題の本質への洞察が欠かせないだろう。

問題は脳への影響ではなく嗜癖性

メディアにおけるもう一つの問題は、その「嗜癖性」にある。

実は「嗜癖」というのは古い言葉で、現代では依存症という言い方のほうが一般的だ。でも僕は、あえて嗜癖という言葉を用いたい。この問題が特別な病気に限らない、より普遍的な問題であるというニュアンスを強調しておきたいからだ。

人間は嗜癖する動物であり、ほとんどありとあらゆることが、嗜癖の対象となる。アルコールやドラッグなどの物質はもとより、ギャンブルや万引き、ときには食事や人間関係までが嗜癖の対象として人をおぼれさせる可能性を秘めている。もちろん、携帯やインターネットも例外ではない。

次ページにあるのは最近たいへんな人気を集めているオンラインゲームの一画面だ。通常の

人気のオンラインゲーム・ラグナロクオンラインの一画面

ゲームと違い、オンラインゲームは、文字どおりインターネットを介して複数の仲間とパーティを組み、チャットを交わしながら戦いや冒険を続けるものが一般的だ。

リアルタイムでつながり合える一体感が楽しめるうえに、通常のゲームとは異なり、最終的なゴールがないため、いつまでも冒険を続けることができる。おまけにメーカーがゲーム世界を定期的にリニューアルするものだから、飽きるということがない。こうした設定が、嗜癖性に拍車をかける。韓国では、文字どおり寝食を忘れて没頭する若者が続出し、ゲームのやりすぎで、とうとう死亡者が出たという報道まであった。

ゲームといえば「ゲーム脳」とか「脳内汚染」といった言葉で危機感をあおる人々

もいるけれど、これらは典型的な疑似科学なのでまともに検討する価値はあまりない。とりわけ大きな話題となった「ゲーム脳」については、僕自身がその非科学性を検討しているので、関心のある方はそちらを参照されたい（「斎藤環氏に聞く ゲーム脳の恐怖」http://www.tv-game.com/column/clbr05/index.htm）。

脳そのものへの悪影響は、そんなわけでまだ立証されてはいないけれど、ゲーム依存の問題は別の意味で重要だ。とりわけ未成年者は、アルコールや薬物に依存する機会はそれほど多くなくても、ゲーム依存になってしまう可能性は高い。いったんそうなってしまうと、長期間ひきこもってゲームしかしないような生活になってしまうこともある。韓国ではそういう若者を「廃人族」などと呼ぶらしい。もちろん嗜癖の問題はネットゲームに限らない。チャットや掲示板なども、時にはハマりすぎて嗜癖の対象になることがある。

僕は基本的に、ネットやゲームをできるだけ禁止せず、生活にうまく組み込んでいけば治療にも活かせると考えている。しかしあまりにも度を越した嗜癖に陥っている場合は、やむをえず接続時間の制限をするなど、なんらかの枠組みを設けざるをえないこともある。そうしないと、嗜癖が生活全般を破壊してしまうことになるからだ。

「もう死にたい」の書き込みは何のため？

一九九三年のベストセラーに、鶴見済の『完全自殺マニュアル』(太田出版)があった。短期間で百三十万部を売り上げ、若者の自殺を促進するとして有害図書に指定されるなど、いろいろと物議をかもした本だ。当時、若い患者たちは、よくベッドサイドにこの本をしのばせていたものだった。

しかしいま、誰もこの本を必要としなくなった。そう、本を買うまでもなく、ネット上には「自殺系サイト」がいくらでもあるからだ。「自殺マニュアル」の息子たちとでもいうべきこれらのサイトには、自殺の手段はもとより、自殺したい若者たちの生々しい声があふれている。

こうしたサイトの、主として掲示板には、本気かどうかは確かめようがないけれど、「生きていてもしかたない」「もう死にたい」といった若者たちの呟きがたくさん書き込まれている。自殺を考える若者たちは、さまざまな自傷・自殺系のサイトにつどい、時には大規模なオフ会(直接会うための集会)なども開催される。

二〇〇二年三月に発表された厚生労働省の調査報告「自殺と防止対策の実態に関する研究」によれば、自殺に関連する言葉を含むサイトを検索したところ、関連ページは二〇〇二年の時点で十三万ページ以上あった。この数は、一年前の調査結果と比較しても、飛躍的な増加を示している。

このうち厳密な意味での自殺関連サイトは十三サイトあり、うち防止を主目的とするのは四つだけだったという。こうした場所で、ただ言葉を交わすだけならともかく、メールや掲示板でのやりとりを介して、自殺を促すような言葉のやりとりがなされることも、珍しいことではない。

一九九八年に起きた「ドクター・キリコ」事件は、自殺とネットが結びついた最初の事件として知られている。ある男性が、みずから開設したサイトを通じて、希望者に毒物を郵便で送りつけていたというものだ。最初の犠牲者が出てからまもなく、このサイトを管理していた男性も自殺するといういたましい結末を迎えている。

この男性は、もともとは決して自殺の手伝いをするつもりではなかったらしい。むしろ毒物を持つことで「いつでも死ねる」と思えれば、自殺を予防できるのではないかという正義感から、こうした活動を続けていたようだ。

この事件はセンセーショナルに報道され、これ以降、ネットを介した自殺幇助や心中相手の募集が問題視されるようになった。

こういう自殺サイトが問題になっているのは、むろん日本ばかりではない。アメリカでも同様の問題が起こっている。ある大規模な自殺サイトには、ニューズグループやチャットルーム、さらに詳細な自殺指南のデータファイルが蓄積されていて、このサイトの影響で、これまでに少なくとも十人以上の自殺者が出ているという。

たとえば、長年の鬱状態に苦しめられていたある青年は、確実な自殺手段についてこのニューズグループで質問し、ついに散弾銃で自殺するに至った。彼はこのサイトのメンバーに感謝しながら死んでいったという。

自殺学の権威シュナイドマンは、自殺に関する典型的誤解の一つとして、「自殺を予告したものは死なない」というものを挙げている。予告して決行に至るケースは、決して少なくない。もちろん予告の中には、暗に制止されることを期待してのものも多い。しかしそれとは逆に、自らの意志を固め、自殺の動機づけを高めるために、あえて予告するものも決して少なくないのだ。

死にきれない若者たちの両刃の剣

ネットを動機付けに用いる典型は、なんといっても「ネット心中」だろう。

二〇〇二年十月、東京都練馬区のマンションで、ネットの自殺願望の掲示板で知り合った男女二人が心中した。これは報道された最初のネット心中だ。以後、同様の事件が続発するようになり、大きな社会問題になっている。自殺の手段はほぼ一定で、自殺系サイトの掲示板で一緒に死んでくれる相手を募集し、密閉された部屋や車の中などで練炭を焚《た》き、一酸化炭素中毒で死ぬというものである。

ネット心中は、いまだかつてない形の自殺手段だ。心中というのはほんらい、恋人や夫婦、親子といった、濃密な関係性において選択される手段だったはずだ。ところがネット心中はその対極にある。くわしい人から聞いた話では、最後まで互いに匿名であり続けることが遂行には欠かせない条件なのだという。ついうっかり、死にたい背景や事情を語り合ってしまうと、心中が成立しなくなってしまうことが多いらしい。要するにネット心中とは、一人では死にきれない人々が、力を合わせて自殺を完遂するための新しい手段なのだ。

おそらく、わが国には現在、生きる意味を見失い、漠然と死にたい思いを抱えながら死ねずにいる若者たちが数十万人規模で存在すると考えられる。そうした思いが、本当に死んでしまうことに対するためらいや恐怖とあいまって、リスカ（リストカット、手首自傷）やOD（オーヴァードース、大量服薬）といった、自殺未遂の繰り返しとしてあらわれてくることもある。そして、いまや死にきれない若者たちは、他者の力によって自殺の動機づけを固めてもらう確実な手段を手に入れつつある。

ネット心中は極端な例だが、僕が普段接している若者の中にも、みずから開設したホームページや掲示板などで自殺を予告したり、自傷行為を告白したりする人がいる。その予告をみた友人からのメールや電話で、なんとか決行を思いとどまった例もあるのだが、書かれた内容から連鎖反応的に影響を受けて、同様の自傷行為に走ってしまう若者もいる。ネットは便利だが、このように両刃《もろは》の剣にもなりうるのだ。

僕自身の経験では、ネット上の出会いはしばしば匿名的で、一過性の希薄なものであることが多いように思う。ネットのコミュニケーションが本当に有効なのは、すでに生身で出会っている者どうしが、親密な関係を保つために使う場合に限られるのではないだろうか。

こうした希薄な出会いが、犯罪や自殺などといった、取り返しのつかない事態に至ることを防ぐためにはどうすればよいか。そのためには、できる限り多面的な予防策を、ねばり強く続けていく必要がある。具体的には自殺関連サイトの規制や自殺防止サイトの増設などが考えられるが、それにはどうしても物理的な限界がある。ネットの外、たとえばテレビやラジオ、電話相談などで、こうした「取り返しのつかない出会い」への警鐘を鳴らしたり、啓蒙活動を展開することもまた、有効な対策たりうるのだろう。

しかし同時に、僕たちは、この飽食の時代、およそ衣食住に悩まされることがないこの時代にありながら、生きる意欲をなくし、死に魅せられる若者たちが大量に存在するという事実を、冷静に受けとめ、理解する必要がある。彼らを批判するのはたやすいが、批判だけでは僕たちと若者との間にある不信感の壁を越えることができないからだ。彼らが未来に対してきわめて悲観的であり、自分の存在価値についても空虚な感情しか持てずにいるという事実。まずはこの点を、僕たちは共感的に受けとめる必要があるだろう。

ネットは欲望をフィルタリングする

本書のテーマに即して考えるなら、携帯電話やインターネットの普及がもたらした「病因論的ドライブ」には、どのようなものがあるだろうか。携帯について言えば、前にも指摘したように、若者の中に著しいコミュニケーション格差をもたらした、という「問題」がある。携帯に限らず、カラオケにしてもプリクラにしても、リアルな人間関係に支えられた開放系メディアは、総じてこの格差を広げるほうに作用する。

一方インターネットは、どちらかと言えば開放系メディアになじまない若者向けの場所だ。携帯電話とは異なり、ネットをたしなむかどうかで、出会いの機会が飛躍的に増えたりはしない。デジタル・ディバイドが問題視されているが、これはたいてい世代間のギャップを指している。ネットが使えるかどうかが個人の自意識に与える影響は、さほど大きくないように思う。

僕はもともと、メディアの影響が人間の本質を変えてしまうという発想を、どこかうさんくさいものと考えている。ネットが新しい病気の原因になるということについても、さほど懸念していない。ネット依存の問題について言えば、これは対象がインターネットである点を除けば、ほかの嗜癖問題と大して変わらない。

そんな中で、僕が「これだけはネットに固有の問題かもしれない」と考えているものがある。それが、ネットのフィルタリング機能だ。どういうことだろうか。

前にもちょっと触れたように、このところブログカルチャーが盛んだ。ところで僕は、ブログの効用の一つとして、その書き手の「動機や意志の強化」があると考えている。ブログには読者がいるわけだが、書き手が読者の前で何らかの宣言をすることで、自分自身をちょっとだけ、実行に向けて追い込むことができるからだ。

宣言する内容はなんでもいい。受験勉強。古典の読破。ダイエット。禁煙。それにしても、ブログというのはだいたい匿名で書かれているし、それなら適当にウソを書いてもばれないはずなのだが、それでもこうした宣言は、書き手の意志を多少は強化するところがある。更新が止まったブログは、そうした意志を貫くことにどこかで挫折したせいにちがいない。

もちろんブログでなくてもいい。たとえば禁煙マラソンなどでは、メンバー同士がメールで励まし合って禁煙を成功させる方法がかなり有効であるらしい。いずれにしても、ネットが個人の意志を強化するうえでかなり有効であることは間違いない。

なぜこうしたことが起こるのか。おそらくネット上での発言は、多かれ少なかれ公的なものを志向しているためだ。言い換えるなら、そこでの宣言はもはや単なる独り言ではなく、いくぶんなりとも公的な義務という性質を帯びてくるのだ。インターネットの公共性とは、常に不特定多数の読者に開放されているがゆえに生ずる。だからこそ、時に人は安心して独白できる場所として、たとえばＳＮＳのような場所に逃げ込むのだろう。

閑話休題、ネットは個人を匿名化し、その欲望だけを純粋に抽出するという機能を持っている。この空間の中で、人は匿名のまま、他者と欲望や動機を共有できるようになる。その欲望には、さまざまな向上心も含まれるだろう。しかし時には、人を傷つけるような悪意や、自殺願望なども含まれてしまうことがある。いずれにしてもネットワークの網の目は、「行動」にまで熟していかない若者たちの不安定な意志や葛藤をすくいあげ、濾《こ》しとり、あるいは蒸留し、ついには行動にまで煮詰めてしまう。

たとえば「出会い系」は、匿名の若者たちの性欲だけを抽出する。だから彼らは、しばしば匿名のまま一時的な性関係を持つことができる。その関係は、匿名性ゆえに彼らの内面になんら影響しない。

同じ意味で「ネット心中」は、匿名の個人から自殺願望だけを抽出する。「なぜ死にたいか」を一切問うことなく、ひたすら「死にたい」という意志のみを加算していくこと。希薄な意志でも相互に縛り合うことで、拘束力が強まり、しばしば実行に至りやすくなる。おそらく事情を語り合ってしまうと、この拘束力が弱くなってしまうのだろう。

「匿名性」と「欲望」の危険なカップリング

そもそも僕は経験的に、ネット上の「出会い」に対してはかなり懐疑的だ。もちろん、すでにある関係性を補強するためなら、ネットもSNSも素晴らしい効用がある。しかし、最初の出会いがネットである場合、その関係はあんがい短命であることが多いように思うのだ。これは匿名の出会いというものが、きわめて希薄なものになりやすいためではないだろうか。

ネットがなんらかの病理をもたらしうるとすれば、それは人々が匿名のままで出会うことを可能にしすぎた点ではないか。もちろん「匿名の出会い」は必ずしもネット固有のものではない（断酒会など、多くの自助グループは匿名参加が原則だ）けれど、ネットによって最も効率的に実現されるだろう。

そうだとすれば、本当に警戒すべきは、ネットワークの仮想性などではない。ネットワークがインフラを提供する「匿名の出会い」の問題こそが、十分に検討されるべきではないだろうか。僕は精神分析の立場から、「匿名性」と「欲望」のカップリングは、もしそれに終始するなら、きわめて危険なものになりうると感じている。おそらく、欲望には名前が必要なのだ。だから、ネットを通じて欲望が実現しそうになったら、早い段階で匿名性は解除されなければならない。匿名の欲望は、個人の意志を超えて暴走してしまう可能性を持つからだ。

いずれにしても、「匿名である自由」をうまく使いこなすためには、こうした副作用についても十分に知っておく必要があるだろう。

第三章　境界線上の若者たち

自分の空っぽさに気づいたときに

前の章で、若者の二つのモードとして「ひきこもり系」と「じぶん探し系」という分類の話をした。これは言ってみれば、若者の未熟さには、大ざっぱに言って二つのあらわれ方がある、という話でもある。鬱屈《うっくつ》してひきこもるか、自分を探してさまようか。この二つの「モード」は両立しにくい。言い換えるなら、若者のほとんどの不適応状態は、どちらかのモードで考えることができる。

この章では、主に「じぶん探し系」に近い若者の問題について考えてみたい。

このモードの若者は、対人能力にすぐれていて、環境への適応力もかなり柔軟だ。だから、一見したところは健康な若者にしかみえないことも多い。でも彼らが引っ越ししたり就職したりして、いままでつきあっていた仲間から離れてしまうと、自分のことも見失って混乱に陥ってしまうことが珍しくないように思う。

なぜ、そうなるのだろうか。おそらく、それまでの親密な人間関係だけが、彼らの自己イメージを支えていたためだろう。そういう関係がなくなってしまうと、自己イメージも見失ってしまいやすいのだ。

自分という存在が、実は空っぽだったと気づかされること。これは苦しい。ちょっと、ほかに比較できないような苦しさだ。苦しさのあまり、彼らは自分の体を傷つけたり、他人を振り回したり、自殺を試みたり、カルトに走ったりする。どれも困った行動にはちがいない。でも、みんな失われた自分を取り戻すための狂おしい努力なのだ。そこだけを責めてもしかたない。

繊細で不安定、かつ衝動的――境界例

こうした若者の「空っぽの感覚」あるいは「空虚感」のきわみともいえる「病気」が、境界性人格障害だ。これはしばしば「ボーダーライン」、あるいは「境界例」とも呼ばれることがある。本書ではこれ以降「境界例」で統一しよう。

境界例は、ほんらいは「人格障害」の一つであるとされている。人格障害というのは、本当は普通の精神疾患とは違うカテゴリーの診断なのだが、境界例に限っては、ほかの精神疾患と同じように診断され、治療の対象となることが多いようだ。

それでは、境界例とはどんな状態を指すのだろうか。

次ページに示したのは、アメリカ精神医学会による診断マニュアル（DSM－Ⅳ）による診断基準だ。ただし、これらの項目をじっくりと読んでみても、なかなか具体的なイメージはつかみにくいと思う。

僕なりに境界例の特徴を無理に一言でくくるなら、「対人関係の中で、繊細で不安定、かつ

［図表03］ **境界性人格障害の診断基準（DSM-Ⅳ）**

対人関係、自己像、感情の不安定および著しい衝動性の広範な様式で、成人期早期までに始まり、種々の状況で明らかになる。以下のうち5つ（またはそれ以上）によって示される。

（1）現実に、または想像の中で見捨てられることを避けようとするなりふりかまわない努力。

注：基準5で取り上げられる自殺行為または自傷行為は含めないこと

（2）理想化とこき下ろしの両極端を揺れ動くことによって特徴づけられる、不安定で激しい対人関係様式。

（3）同一性障害：著明で持続的な不安定な自己像または自己感。

（4）自己を傷つける可能性のある衝動性で、少なくとも2つの領域にわたるもの。

（例：浪費、性行為、物質乱用、無謀な運転、むちゃ食い）

注：基準5で取り上げられる自殺行為または自傷行為は含めないこと

（5）自殺の行動、そぶり、脅し、または自傷行為の繰り返し。

（6）顕著な気分反応性による感情不安定性。

（例：通常は2〜3時間持続し、2〜3日以上持続することはまれな、エピソード的に起こる強い不快気分、いらいら、または不安）

（7）慢性的な空虚感。

（8）不適切で激しい怒り、または怒りの制御の困難。

（例：しばしばかんしゃくを起こす、いつも怒っている、取っ組み合いの喧嘩を繰り返す）

（9）一過性のストレス関連性の妄想様観念、または重篤な解離性症状。

『DSM-Ⅳ-TR精神疾患の診断・統計マニュアル』（高橋三郎・大野裕・染矢俊幸訳、医学書院、2002）より要約抜粋

衝動的な性格という印象を常に与える人」ということになる。予測のつかない感情の浮き沈みと激しい行動化、そしてなによりもその「魅力」が、周囲の人たちをさまざまに振り回す。関わった人に「困った人だけど、ほっておけない」という印象を与えるからだ。

境界例は、自傷行為や自殺未遂、あるいは次の章で取り上げる摂食障害などとも深い関係を持っている。とくに自傷を繰り返す人の中には、境界例的な問題を抱えている人が多いように思う。

ウィノナ・ライダーが主演した『17歳のカルテ』という映画では、境界例と診断された主人公が、入院治療を受け、さまざまな仲間と出会い、成長していく経験が描かれている。六〇年代のアメリカが舞台だが、当時の思春期、青年期の問題と、現代日本の抱える問題の共通点の多さに驚かされる。ひきこもりとは異なり、境界例の増加には、アメリカ化する日本社会という、別の側面が反映されているように思われる。

「白か黒か」でしか判断できない未熟さ

境界例の原因は、その養育環境、とりわけ母子関係にあるという指摘が、たびたびなされてきた。たしかに境界例では、しばしば発達の問題がみられる印象がある。しかし、いつでもそうか、と言われれば、そうとも言い切れない。生育歴に明らかな問題がみあたらないのに、境界例の問題に苦しんでいる人も少なくないからだ。

くわしい議論は省略するけれど、彼らが常に不安定な状態に陥るのは、「自分の内面が空虚である」というイメージに悩まされているからだ。そして、その空虚さを急いで埋め合わせようとして、必死でもがく。自分の空虚さを埋めてくれそうな対象を取り込んだり、依存したりすることで、自分のイメージを安定させようとするのだ。

だから彼らは、たとえば外の世界や自分にとって重要な人を、極端に理想化しようと試みることがある。対象が理想的なものであるほど、それと関わりのある自分のイメージも理想に近づけるからだ。でも、この戦略はだいたい失敗する。なぜか？　彼らはあまりに完璧な理想を求めすぎるため、やがてその対象に裏切られてしまうからだ。そうなると、今度はその反作用として、一度は理想化していた相手を、徹底して無価値なもの、邪悪なものとしてしりぞけようとする。

これを言い換えるなら、彼らは世界全体を、あたかも「敵か味方か」のいずれかの極端でしかとらえられなくなる、ということだ。境界例の人たちは、常に物事の白か黒かをはっきりさせようとするあまり、グレイゾーンの存在を認めることができない。でも、判断の基準として「白か黒か」しか知らない、というのは、いわば典型的な「未熟さ」の問題でもある。境界例の対人関係や行動、あるいは感情が不安定なものになりがちなのは、そういった未熟で極端な態度が根底にあるためでもあろう。

実は、境界例的な人物は、有名人の中にも時折みかける。たとえば太宰治やマリリン・モンローは、その評伝を信ずるならば、境界例的な問題を抱えていたらしい。あるいはサリンジャーの小説『キャッチャー・イン・ザ・ライ』の主人公ホールデンは、彼自身の「診断」はともかく、「白か黒か」「敵か味方か」という境界例独特の妥協のない世界観を、僕たちにリアルな手応えとともに教えてくれる。

境界例の問題が重要なのは、このような物の見方が、僕たち自身にもしばしばみられるからだ。ふだんは健康とみなされている人でも、ある状況下では、一時的に境界例の患者と同じような考え方や振る舞いをすることがある。たとえば、地位も名誉も分別もある人が家庭内暴力を振るったり、突如ストーカー行為に走ったりするような例をみていると、誰の心にも境界例が棲んでいる、と言いたくなってしまう。

その意味では、境界例とは、決して「心の病気だから自分とは関係ない」といってすまされる問題ではない。誰もが成熟の困難を抱える現代社会においては、誰もが少しずつ境界例的な問題を抱えていると言えるかもしれないからだ。

重要性を増している「解離」の概念

『39　刑法第三十九条』は、最近よく知られるようになった、「多重人格」をテーマにした映画だ。この映画に限らず、多重人格は、最近さまざまなフィクションのテーマとして、取り上げられる機会が多くなった。

『多重人格探偵サイコ』（大塚英志、角川書店）、『インディビジュアル・プロジェクション』（阿部和重、新潮文庫）、『催眠』（松岡圭祐、小学館文庫）などの作品においても、多重人格が重要なモチーフとして扱われている。いまや映画、小説、コミックなどの世界では、多重人格は欠かすことができないアイテムの一つと言えるほどだ。

日本の思春期・青年期においても、多重人格の患者は少しずつ増えている。アメリカなどでは、ひところ「ブーム」とまで言われたほど急増した。ただし幸いにも、いまのところ日本では、アメリカほどの急増ぶりはみられない。

実はこの問題は、「解離」と呼ばれる精神症状に含まれる。だから「多重人格」の正式な診断名は「解離性同一性障害」だ。ここで「解離」に焦点をあてるなら、こちらは日常の臨床において、きわめて重要な病理の一つだ。

それでは「解離」とは、いったいどのような現象を指すのだろうか。

人間の心はひどくつらい経験をした場合、トラウマ（心の傷）を負うことがある。しかし心には、トラウマの影響を最小限に抑えるための防御装置もそなわっている。一つはフロイトが唱えた「抑圧」で、これはトラウマの原因となる経験を無意識のほうに押し込むことで、できるだけ意識にのぼらせまいとする戦略を指す。

そしてもう一つが、この項目で扱う「解離」だ。こちらはフロイトとほぼ同時代に、フランスの精神科医ピエール・ジャネが提唱した概念だ。

国際分類（ICD-10）の定義によれば、解離とは「過去の記憶、同一性と直接的感覚の意識、そして身体運動のコントロールの間の正常な統合が一部ないし完全に失われた状態」を指す。これは要するに、人間の心における時間的・空間的な連続性が失われてしまうことを意味している。

解離現象は、必ずしも病的なものとばかりは限らない。それどころか、健常者においてもしばしばみられる。何かに夢中になって我を忘れたり、ショッキングな出来事があったときに、周囲のものごとが奇妙にしらじらしく、現実的ではないように感じられたりするのも、解離現象の一つだ。あるいはロックコンサートなどでの熱狂状態やゲームなどへの没頭状態、宗教における恍惚体験、一過性の現実感喪失や白昼夢などのようなものもある。催眠におけるトランス状態なども、正常範囲の解離に含まれる。

こんなふうに、解離現象には、つらい記憶を思い出させないように隔離したり、苦痛なことを感じないように感覚を麻痺させたりするという効能もある。しかし解離の程度がひどくなると、それは病的なものとして治療の対象になる。

阪神大震災をきっかけにわが国でも有名になったPTSD（心的外傷後ストレス障害）という病気でも、さまざまな解離症状がみとめられる。近年問題となっているカルトにおけるマインドコントロールの問題も、解離症状と関連があると言われる。少なくとも僕の考えでは、マインドコントロールとは、人工的に解離状態を引き起こして、相手の行動に影響を与えようとする行為全般のことだ。

ともあれ、このような意味で、「解離」は現代のさまざまな病理を説明するうえでも、重要な概念となりつつある。

「キレる」のも一種の解離？

解離の原因はさまざまなトラウマであると考えられているが、その症状はかなり多彩だ。ここで、いくつかの解離症状について、簡単に解説しておこう。

「離人症」は、かつては外の世界に現実感を持てなくなるような症状を指していた。いまは、あたかも幽体離脱のように、自分自身の姿をもう一人の自分が外から眺めているかのような感覚を指す。あるいは、自分が存在する実感がわかない、などと訴える場合もある。

［図表04］**解離症状の分類**

・離人感 （感覚における解離）
・解離性健忘 （記憶における解離）
・全生活史健忘 （いわゆる「記憶喪失」）
・解離性遁走 （行動における解離、いわゆる「蒸発」）
・解離性同一性障害 （人格における解離、いわゆる「多重人格」）

※（　　）内は解離が起こるレベルと、一般的な呼び名

「解離性健忘」は、覚えているはずの記憶が消えてしまう症状だ。いちばん重症な「全生活史健忘」は、俗にいう「記憶喪失」のことで、自分の名前や生年月日はおろか、これまでの人生の記憶をきれいさっぱり忘れてしまう。

「解離性遁走《とんそう》」は、やはりショッキングな体験の後で突然失踪してしまうもので、遁走の後でわれに返る。しばしば健忘とセットになっていて、遁走以前の生活の記憶が一切なくなってしまうことも多いらしい。

前出の多重人格、すなわち「解離性同一性障害＝ＤＩＤ」は、さまざまな解離性障害のなかでも、最も重い。解離が徹底して起こった結果、一人の人間が多数の人格を持つようになる。それぞれの「人格」は、

［図表05］ **解離性同一性障害の診断基準（DSM-Ⅳ）**

A.2つまたはそれ以上の、はっきりと他と区別される同一性または人格状態の存在（そのおのおのは、環境および自己について知覚し、かかわり、思考する、比較的持続する独自の様式を持っている）。

B.これらの同一性または人格状態の少なくとも2つが反復的に患者の行動を統制する。

C.重要な個人的情報の想起が不能であり、それは普通の物忘れでは説明できないほど強い。

D.この障害は、物質（例：アルコール中毒時のブラックアウトまたは混乱した行動）**または他の一般身体疾患**（例：複雑部分発作）**の直接的な生理学的作用によるものではない**。

注：子供の場合、その症状は、想像上の遊び仲間または空想的遊びに由来するものではない。

『DSM-Ⅳ-TR精神疾患の診断・統計マニュアル』より要約抜粋

異なった性格や記憶を持っており、年齢や性別もさまざまだ。昔は「二重人格」という言葉が示すように、人格の数も二つか、せいぜい三つであることが多かった。最近では、十数から数十といった、多数の交代人格が出現する事例も珍しくない。わが国ではまだ事例が少なかったが、最近じわじわと増加する傾向にある。

ＤＩＤでは、幼児虐待の経験がきわめて高率に認められる。なぜ虐待経験が人格の分裂をもたらすのか。そのメカニズムは、おおむね次のように説明されている。

親から虐待される子どもは、苦痛を逃れるために、まるで幽体離脱のようにして（「離人症」のところで触れたように）別の人格を作り上げる。この結果、虐待は自分ではなく誰か別の子どもに起こったことのように感じられるようになり、一時的にせよ虐待の苦痛を逃れられる。

ここまでは、それなりに合理的なメカニズムと言える。しかし問題は、ひとたび解離を経験すると、容易にそれを繰り返しやすくなる、ということだ。必ずしも本人がそれを望まない場合でも、わずかな葛藤を避けるために、心は解離を繰り返し、このため多数の交代人格が生じてくるのだ。

これまで解離のさまざまな症状について述べてきたが、実際には、これらはそれほどきれいに分類されるものではない。それぞれの要素が複雑に混じり合ったケースのほうが一般的だ。また、一つの解離症状から別の解離症状に移行する場合も少なくない。

先に述べたが、最近になって、こうした解離のメカニズムが関係しているとおぼしい、さまざまな病理が社会現象のなかにも認められはじめた。たとえば、最近よく言われる「キレる」といった表現なども、その一つと言ってよいだろう。キレているときは一種の解離状態、言い換えるなら別の人格のようになっていることが多い。キレているときの記憶が飛んでいることも珍しくない。

ただし、キレやすくなっているのは子どもだけではない。むしろ年齢を問わず、そうした傾向が強まっているように思われる。ＤＩＤのように深刻な事例とともに、このような比較的軽い事例も増加傾向にあるようだ。しかし残念ながら、解離の研究は、まだようやく緒についたばかりだ。すでにパトナムの研究書や、わが国では安克昌による先駆的な仕事（『心の傷を癒すということ』角川ソフィア文庫）があるが、本格的な調査研究はまだこれから、というのが現状だ。

トラウマが原因となる精神障害──PTSD

解離の原因としてトラウマ、すなわち「心の傷」の存在が重要であることはすでに述べた。このほかにもトラウマは、さまざまな精神障害の原因となることがある。なかでも重要な疾患に、阪神大震災などを一つのきっかけとして知られるようになったPTSDがある。

この疾患は、人が非常に強いショックやストレスなどの外傷的な出来事を経験した結果として、その後さまざまな精神症状を呈するようになったものだ。症状は大まかに言って、三つに分類される。

一つはトラウマの再体験だ。これは、トラウマ的な出来事をフラッシュバックのような形で繰り返しリアルに思い出したり、夢に見たり、その出来事が起こっているかのような行動を示したりするものだ。また、トラウマを思い起こさせるような刺激が少しでもあると、強い不安や生理的な苦痛を感じたりもする。二つ目はトラウマに関係するような刺激全般を回避しようという態度だ。ここには行動範囲の縮小から、愛情が感じられないなどの感情面での狭さまで、多様な症状が含まれてくる。三つ目は覚醒亢進《こうしん》による症状で、睡眠の困難や怒りっぽさ、過度の警戒心などがみられる。

「いじめ」がPTSDをもたらすことも

もちろんPTSDも、思春期・青年期だけに限った問題ではない。ただ、この時期には特異なかたちで問題になりやすいということがある。たとえば、「いじめ」の問題だ。

学生時代に非常に激しい「いじめ」を経験した人の一部に、重いPTSDを発症する人がいることが知られつつある。

たとえばあるケースでは、幻聴の訴えが三十歳過ぎまで続いていた。かつて自分をいじめた人の声が非常に生々しく聞こえてくるというのだ。そこだけ考えると統合失調症を考えたくなるが、幻聴以外にはそれらしい症状がみあたらない。これはどういうことなのだろうか。実はこれは、トラウマのフラッシュバックだったのだ。正確には、「聴覚性フラッシュバック」という症状である。

この症状をはじめて報告したのは、私の知る限り、精神科医の中井久夫氏だ(『徴候・記憶・外傷』みすず書房)。中井氏が指摘するように、聴覚性フラッシュバックは精神病性の幻

C.以下の3つ（またはそれ以上）によって示される、（外傷以前には存在していなかった）外傷と関連した刺激の持続的回避と、全般的反応性の麻痺。

（1）外傷と関連した思考、感情、または会話を回避しようとする努力

（2）外傷を想起させる活動、場所または人物を避けようとする努力

（3）外傷の重要な側面の想起不能

（4）重要な活動への関心または参加の著しい減退

（5）他の人から孤立している、または疎遠になっているという感覚

（6）感情の範囲の縮小
（例：愛の感情を持つことができない）

（7）未来が短縮した感覚
（例：仕事、結婚、子供、または正常な寿命を期待しない）

D.（外傷以前には存在していなかった）持続的な覚醒亢進症状で、以下の2つ（またはそれ以上）によって示される。

（1）入眠、または睡眠維持の困難

（2）易怒性または怒りの爆発

（3）集中困難

（4）過度の警戒心

（5）過剰な驚愕反応

E.障害（基準B、C、およびDの症状）の持続期間が1カ月以上

F.障害は、臨床上著しい苦痛、または社会的、職業的、または他の重要な領域における機能の障害を引き起こしている。

『DSM-Ⅳ-TR　精神疾患の診断・統計マニュアル』より要約抜粋

［図表06］ PTSD（外傷後ストレス障害）の診断基準（DMS-Ⅳ）

A.その人は、以下の2つがともに認められる外傷的な出来事に暴露されたことがある。

（1）実際にまたは危うく死ぬまたは重傷を負うような出来事を、1度または数度、あるいは自分または他人の身体の保全に迫る危険を、その人が体験し、目撃し、または直面した。

（2）その人の反応は強い恐怖、無力感または戦慄に関するものである。

注：子供の場合はむしろ、まとまりのないまたは興奮した行動によって表現されることがある。

B.外傷的な出来事が、以下の1つ（またはそれ以上）の形で再体験され続けている。

（1）出来事の反復的、侵入的、かつ苦痛な想起で、それは心象、思考、または知覚を含む。

注：小さい子供の場合、外傷の主題または側面を表現する遊びを繰り返すことがある。

（2）出来事についての反復的で苦痛な夢。

注：子供の場合は、はっきりとした内容のない恐ろしい夢であることがある。

（3）外傷的な出来事が再び起こっているかのように行動したり、感じたりする。
（その体験を再体験する感覚、錯覚、幻覚、および解離性フラッシュバックのエピソードを含む、また、覚醒時または中毒時に起こるものを含む）

注：小さい子供の場合、外傷特異的なことの再演が行われることがある。

（4）外傷的出来事の1つの側面を象徴し、または類似している内容または外的きっかけに暴露された場合に生じる、強い心理的苦痛。

（5）外傷的出来事の1つの側面を象徴し、または類似している内容または外的きっかけに暴露された場合の生理学的反応性。

聴とは異なり、「誰が言っている声か」がはっきりわかる。また、薬がたいへん効きにくい。つまり、きわめてなおりにくい症状なのだ。

このように、いじめ体験はしばしば、もっとも重いタイプのPTSDをもたらすことがある。ジュディス・L・ハーマンは、これを複雑性PTSDと呼んだ（『心的外傷と回復』みすず書房）。これは、長期間、虐待や暴力の支配下に置かれることで、人格のレベルまで障害が起こってしまうようなタイプのPTSDを指している。

いじめによるPTSD事例には、このほかにも、いくつかの重大な特徴がある。まず、強い被害感と猜疑心、そして高い攻撃性だ。肉体的にも精神的にも、長く激しいいじめを経験した人は、加害者の攻撃性をそのまま自分のものにしてしまうことがある。結果として、いじめの被害者までも非常に攻撃的な人間になってしまうのだ。

その矛先が他人に向かうと家庭内暴力などになるし、自分に向かうと自殺になってしまいかねない。実際、いじめ体験から何年も経って自殺する事例は少なくないのだ。僕は以前から、こういうケースも広い意味での「いじめ自殺」に数えるべきだと主張している。

加えて、被害者には非常に強い人間不信が植えつけられる。少なくとも僕は、いじめ被害者の人間不信に匹敵するほど深いそれを、他の精神疾患であまりみたことがない。彼らをこの深い人間不信から救うにはどうしたらよいのか。この疑問に対しては、残念ながらいまもって明解な解答はない。さしあたりは、治療とともに、できるだけ親密でくつろいだ人間関係を重ねてもらうしかないのが実情だ。

二〇〇六年の年末は、いじめ自殺の報道が相次いだ。マスコミも熱心な反いじめキャンペーンを展開したが、一部の報道はむしろ、群発自殺を誘発してしまった可能性も否定できない。

ところで僕の知る限り、こうした「いじめブーム」はこれで三回目だ。

東京都中野区立中野富士見中学校二年の鹿川裕史さんがいじめを苦に自殺したのは、一九八六年二月だった。遺書の「このままじゃ生きジゴクになっちゃうよ」という言葉が有名になった。一九九四年には、愛知県西尾市立東部中学校二年の大河内清輝さんが、やはりいじめによって自殺している。このときもセンセーショナルな自殺報道が群発自殺につながった。そして今回である。

おおかたの予想どおり、自殺の話題が下火になるとともに、いじめ論議もどこかに行ってしまった。しかし、自殺があろうとなかろうと、いじめは常に起こりうるし、現に起きているのだ。その意味で、いじめ対策はもはや緊急的になされるべきではない。むしろ教育プログラムの一環として、継続的かつ日常的になされるべきなのだ。

残念ながら、いじめ被害が長期的にはPTSDをもたらすということは、最近やっと言われはじめたばかりだ。治療についても、いまだ十分な議論はなされていない。これまで等閑視されてきた「加害者ケア」の視点とともに、これらの視点が新たに加わらない限り、いじめ論議は不毛なままにとどまるだろう。

生きている実感を得る手段としての自傷行為

ＰＴＳＤのように、トラウマがもとで自殺に至るケースも少なくない。しかしこれに限らず、生きることに意味を感じられず、死に憧れ、あるいは実際に自殺未遂を繰り返してしまう若者が増えている。前の章でも触れたように、最近ではインターネットの掲示板で知り合った者同士が心中する事件が続発し、一種の社会問題になりつつある。

直接には自殺を目的としない「自傷行為」も、急増しつつあるように思われる。その手段としては、「リストカット」あるいは「大量服薬」などが一般的だ。とくにリストカットは、若い女性を中心に大きな広がりをみせている。

たとえば国立精神・神経センター精神保健研究所の松本俊彦医師らのグループの調査によれば、刃物で自分を傷つける「リストカット」などの自傷行為が、中高生の間で深刻な問題になっていることがよくわかる。

この調査によれば、女子高校生のうち一四・三％が自傷行為の経験を持っており、中学生でも女子生徒の九・三％、男子生徒の八・〇％が刃物による自傷を経験していた。自傷の理由については、言葉にできない孤独や不安、怒りなどの感情から逃れるためだったり、助けを求める表現などさまざまだったという（二〇〇六年二月六日付毎日新聞）。

こうした傾向は、現場の臨床経験とも一致するものだ。いまやリストカットは、典型的な「サブクリニカル」な問題の一つになりつつある。つまり、特別な病気を持った人だけがする病的な行為とは言えない、ということだ。

こういう行為が一般化するとともに、リストカットをテーマとした手記や小説も広く読まれるようになった。南条あや『卒業式まで死にません』（新潮社）、ロブ＠大月『リストカット・シンドローム』（ワニブックス）、小説では赤坂真理『コーリング』（河出書房新社）などが代表的なところだろう。

彼らの経験を総合すると、自傷行為の多くは、死を直接の目的とするよりは、やはり「生きている実感」を得るために自傷の「痛み」を利用している印象がある。あるいは不安や緊張のガス抜きとしてなされる場合もあるようだ。

ときには先ほど述べた「解離状態」のようになって、自分でも意識しないまま自傷をしてしまったり、自傷行為をした記憶そのものがなくなってしまうこともある。

いまや自傷行為は、二十代の女性を中心として、その流行は広範囲に及んでいる。すぐに自殺に結びつくというたぐいの症状ではないことが多いのだが、もちろん自殺のサインの一つとしても注意が必要だ。

それにしても、これほどの自傷の流行は、何を意味しているのだろうか。この現象もまた、若者たちのあいだに、漠然とした「生きづらさ」「生きる意味を実感できない」「なにをしても空しい感じが強い」といった感覚が広がりつつあることを示すのではないだろうか。

心理学化する社会と境界例

さて、この章では境界例から多重人格、PTSDから自傷行為と、一見すると脈絡のない問題を並べてきた。しかし実は、ここには大きな「文脈」がある。僕たちが「こころ」とどのように向き合ってきたか、その変遷を指し示す「文脈」が。この文脈の中に、病因論的ドライブも埋め込まれていると言ってよい。

「心理学化」という言葉をご存じだろうか。「心理主義化」という場合もあるが、要するに、ある現象や出来事の解釈をする場合に、人間の「心理」を重視する（しすぎる）傾向を指している。たとえば不可解な犯罪が起きたときに、その解説に駆り出されるのは、かつてなら小説家や教育関係者が多かった。しかし、いまの主役は心理学者や精神科医だ。

こういう傾向について、僕はかつて『心理学化する社会』（PHPエディターズ・グループ）という著書でくわしく検討したことがある。この本の中では、境界例や解離の問題についても触れている。簡単に言えば、こうした問題が増加した背景にも、心理学化の問題が深く関与している、ということだ。言い換えるなら、ここで作動する主要な「病因論的ドライブ」こそが、「心理学化」の傾向にほかならない。

社会の心理学化は、なにもすべての人々が心理学にくわしくなる、ということを意味しない。むしろかなり偏ったかたちで、さまざまな場面に、臨床心理学や精神分析の発想が浸透していくことを意味している。

たとえば「トラウマ」という考え方。ひどいストレスやつらい体験をすることで、人は心に傷を負い、時に病むこともある、という発想。実はこの発想は、もともとはそれほど当たり前のものではなかった。にもかかわらず、いまでは人口に膾炙《かいしゃ》してしまっている。

あるいは人間関係においてもそうだ。職場や学校で、あるいは親子関係にしても友人関係にしても、望ましい関係性として例に出されるのは、しばしば「受容と傾聴」を重視するカウンセリング的な発想だ。極端に言えば、人間関係全般がカウンセリングをモデルとして成立しているようにすら思える。

スラヴォイ・ジジェクという、精神分析理論を背景に持つ哲学者は、「境界例」について、こうした心理学化の風潮に関連づけているとおぼしい分析を試みている（『仮想化しきれない残余』青土社）。僕なりに説明するなら、こういうことだ。つまるところ境界例の患者とは、そうした心理学的な風潮に「依存しつつ反抗する」ようなかたちで生まれたのだ。

依存しつつ反抗、というあたりをもう少し補足しておこう。境界例は、自分の「病気」の原因を、心理学の言葉で説明しようとする傾向が強い。その意味では、彼らは心理学に依存している。依存しながらも、心理学にもとづいた治療や診断のシステムにはしばしば異議を申し立て、あるいは攻撃しようとする。

彼らはたとえば、自らのトラウマの原因となったと思われる人間関係に異常なまでに執着したり、怨念を持ち続けたりする。その一方で、味方になってくれそうな相手には、あたかも理想のカウンセラーに対するように、とことん依存しようとしたりもする。これが前に述べたような「白か黒か」の両極端な関係につながってしまう。

それは言ってみれば、未熟さの問題でもある。しかし第一章でも述べたとおり、近代化された成熟社会とは、未熟さに対して寛容な社会なのだ。それゆえ境界例の問題を抱えていたとしても、社会はそれなりの居場所を与えてくれる。時には「診察室」すらも、そうした居場所の一つとなりうるのかもしれない。居場所が与えられれば、それがそのまま問題の温存につながってしまうのは当然の結果とも言える。

「こころの図式化」がもたらす病理

ならば、解離やPTSDの問題はどうだろうか。

境界例とはまた違った意味で、僕はここにも、「心理学化」の影響があると考えている。まず、「解離」から説明しよう。

心理学化の一つの帰結として、「こころの視覚化」というものがある。心理学の目的の一つは、人間のこころを操作可能なものとして考えることだ。心理ゲームでもサプリメントでもいいけれど、こころを操作したいという欲望は、自然に「こころの図式化」に向かう。こうした風潮のもとで、こころは次第に空間的な比喩のもとでイメージされるのが当たり前のようになっていく。これが「こころの視覚化」である。

空間としてイメージされたこころは、まさに空間として変形を被りやすくなるだろう。時には分割されたり、複数に分裂したりしてしまうこともあるだろう。それゆえ解離とは、空間としてのこころがひとまとまりの連続性を失うことを意味する。

言い換えるなら、こころが空間として病むことが、すなわち解離なのである。このときこころは、さまざまなトラウマを、神経症のように抑圧する（無意識に押し込める）のではなく、いわば空間的に隔離することで対処しようとしているのだ。

一方、PTSDについて言えば、DIDを「空間の病理」とした場合に、こちらは「時間の病理」と言えるかもしれない。いじめ被害の場合などとくに顕著だが、PTSDではトラウマに関しては時間が止まってしまう。忘れようにも、自分の意志を超えて襲ってくる「フラッシュバック」によって、何度も過去に引き戻されてしまうのだ。

ＰＴＳＤについては、心理学化の影響がどの程度あるか測りかねるところもある。しかし、少なくとも言えることは、ＰＴＳＤの患者にとってはもはやトラウマが自らの存在証明のようになってしまう、ということだ。どういうことだろうか。

人は自分の人生について「もしあの人に出会わなかったら」「もしあの事件を経験しなかったら」などと、さまざまな可能性について思いめぐらすことができる。しかしＰＴＳＤの患者はそうではない。「もしあのトラウマ的な体験がなかったら」という人生が、もはや想像できなくなってしまうのだ。

それゆえ、こんなふうに考えることもできるかもしれない。人間のこころが、時間軸に沿っていろんな方向に仮想的に開かれた、末広がりの空間性のもとにあることが「健常」であると仮定してみよう。

ここで、複数の時間軸ごとに空間が分割されてしまった状態がＤＩＤだ。逆に、トラウマを経験して以降、たった一つの時間軸に沿って、広がりのない一本の棒のような空間が伸びている状態がＰＴＳＤだ。このように考えるなら、ＤＩＤにもＰＴＳＤにも、心理学化以降に顕著となった「こころの空間性」が深く関与していることがわかるだろう。

いずれの場合も重要なのは、こころの空間イメージと密接に結びついた、トラウマへの依存である。トラウマ体験という、つらく苦しい体験が、それにもかかわらず自らの存在を支えていると繰り返し自覚させられること。とりわけPTSDでは、苦痛のあまり自殺を選ぶケースも少なくない。

このような「心理学化」の問題を解決するには、どんな方法がありうるだろうか。この問いに答えることは、実はきわめて難しい。なぜならこの問いには、一つの矛盾がひそんでいるからだ。問題解決の方法が見つかったとしても、それは再び心理学化という大きな文脈の中に取り込まれてしまう、という矛盾が。

だからまず気をつけなければいけないのは、「心理学化」そのものをあっさり否定してしまうことだ。心理学化の否定もまた、心理学にもとづいてなされるほかはない。そもそもそこに大きなメリットがあればこそ、心理学化がこれほど支配的になった経緯を無視すべきではないのだ。

心理学化という大きな枠組みをまるごと否定するのではなく、そのメリットも十分にふまえたうえで、まずはその副作用に自覚的であること。さしあたり、専門家にはそうした姿勢が求められるだろう。

ところで、この風潮がもたらした「操作可能なこころを持ちたい」という欲望そのものは、操作可能性の外側にある。トラウマを病理に変換する「病因論的ドライブ」そのものを解決しようとするのであれば、この「外部」を目指すほかはない。僕たちは、常にこうした「外部」を意識し続ける必要があるだろう。

それがどのような「解決策」につながるかは、最終章で述べることにしたい。

第四章　身体をめぐる葛藤

「見られるからだ」としての自分の身体

第一章でも述べたように、思春期・青年期における大きなテーマの一つに、自我とアイデンティティの確立がある。こころとからだの発達がアンバランスで、とりわけ性的な関心に目ざめるこの時期に、子どもたちははじめて他者からの、とりわけ異性からの視線を強烈に意識するようになる。もちろん自我の確立は内面の問題でもあるけれど、同じくらい外見の問題でもあるのだ。とりわけ女の子にとっては。

早ければ小学校の高学年くらいから、自分の顔立ちや体形がみっともないと思われないように、それぞれの懸命な努力がはじまる。ファッションに悩み、髪型や化粧に気を遣い、できれば個性的に、ただし周囲から浮きすぎないようにと、さまざまに細やかな配慮をするようになる。

もちろん中には、こうした傾向に眉をひそめる大人もいるかもしれない。「中学生が化粧なんて！」みたいに。でも、これは健康な発達の過程においては、ごく当たり前のことなのだ。「外見に気を遣う」ということは、人間関係にちゃんと配慮できる証拠なのだから、少しぐらいは大目に見てほしいものだ。

こうして「見られるからだ」として自分の身体を再発見すること。しかし、多くの若者は、自分の外見について、周囲にはわからない悩みを抱えていることがよくある。そのため僕は、思春期の患者さんを診察するときは、こちらから外見のことは決して触れないように気をつけるようにしている。時には「ほめ言葉」にすら傷つくのが、思春期のこころというものだからだ。

ただし、からだの悩み、といっても一様ではない。男性と女性でも大きな違いがある。もちろん一概には言えないが、このころから、身体に対する男女の意識の差がはっきりしてくる。一般に女性は、男性以上に自らの身体のあり方に意識的だ。女性に圧倒的に多い問題である拒食症や過食症なども、この時期にはじまることが多い。

拒食症と過食症

摂食障害の問題については、なかなか一般論ではわかりにくいと思うので、とりあえず典型的と思われるケース（ただしフィクション）を挙げておこう。

事例：A子　二十歳　女性

高校三年の春休みに、友人とともにダイエットをはじめ、かなりやせた時期があった。しかしその後、今度は過食気味になり、やがて大量に食べては食べたものを嘔吐《おうと》することが習慣のようになってきた。このため精神科を受診し、過干渉気味の母親への指導もかねて、外来での治療を開始した。高校卒業後はアルバイトを転々としながら過食嘔吐の繰り返し、このため体重が減少し、無月経となり、全身にむくみがあらわれた。ひどく疲れやすくなっていたが、大量の食料を買うためにバイトは続けていた。やがて家族とのトラブルなどをきっかけにして大量に睡眠薬を飲むなどの自殺未遂を繰り返すようになり、入院治療を開始した。入院によって家族との距離が生まれ、関係性が安定するとともに症状も改善し、退院後もときおり過食行動はみられるものの、かなり安定した状態になった。

このような過食のケースは、比較的よくみられるタイプのものだ。しばしばダイエットや、他人から太っていると言われた言葉がきっかけではじまる。時には、傍目《はため》には太っているどころか、むしろやせすぎくらいにみえるにもかかわらず、本人は自分が醜く肥満していると思い込み、悩んでいる場合もある。

摂食障害と考えられる事例の報告は、十六世紀にロンドンの開業医モートンが報告したものが最初と言われている。わが国でも、ほぼ同時期に同じようなケースの記録が残されている。また、神経性無食欲症の名前は十九世紀からあった。

ひところは脳の下垂体という部分の機能障害が疑われたこともあったが、現在はこころに問

［図表07］ **摂食障害の診断基準（DSM-Ⅳ）**

神経性無食欲症（拒食症）

A.年齢と身長に対する正常体重の最低限、またはそれ以上を維持することの拒否（例：期待される体重の85％以下の体重が続くような体重減少、または、成長期間中に期待される体重の増加がなく、期待される体重の85％以下になる）。

B.体重が不足している場合でも、体重が増えること、または肥満することに対する強い恐怖。

C.自分の体重または体型の感じ方・認知の障害：自己評価に対する体重や体型の過剰な影響、または現在の低体重の重大さの否認。

D.初潮後の女性の場合は、無月経、すなわち月経周期が連続して少なくとも3回欠如する（エストロゲンなどのホルモン投与後にのみ月経が起きている場合、その女性は無月経とみなされる）。

神経性大食症（過食症）

A.むちゃ食いのエピソードの繰り返し。むちゃ食いのエピソードは以下の2つによって特徴づけられる。
（1）他とはっきり区別される時間帯に（例：1日の何時でも2時間以内）**、ほとんどの人が同じような時間に同じような環境で食べる量よりも明らかに多い食物を食べること。**
（2）そのエピソードの期間では、食べる行動を制御できないという感覚（食べるのをやめることができない、または、何を、またはどれほど多く、食べているかを制御できないという感じ）。

B.体重の増加を防ぐために不適切な代償行動を繰り返す。例えば、自己誘発性嘔吐、下剤、利尿剤、浣腸、またはその他の薬剤の間違った使用、絶食、または過剰な運動。

C.むちゃ食いおよび不適切な代償行動はともに、平均して、少なくとも3カ月間にわたって週2回起こっている。

D.自己評価は、体型および体重の影響を過剰に受けている。

E.障害は、神経性無食欲症のエピソード期間中にのみ起こるものではない。

『DSM-Ⅳ-TR精神疾患の診断・統計マニュアル』より要約抜粋

題があって起こる病気として認識されている。

その後、後述するように一九六〇年代から主に先進諸国で患者数が急増した。そうした事態を受けて一九七三年に摂食障害の概念を確立したのは、ヒルデ・ブルックという精神科医だった（『思春期やせ症の謎――ゴールデンケージ』星和書店）。わが国でも下坂幸三氏をはじめ、多くの精神科医がこの問題と取り組んできた。

この問題も、ポピュラーなものになるにつれて、漫画や映画などにもしばしば取り上げられるようになった。代表的な作品としては、摂食障害と家族の問題を扱った大島弓子の傑作『ダイエット』（あすかコミックス）を挙げておこう。

摂食障害のうち「神経性無食欲症（以下「拒食症」）」は、青年期女性の約一％、「神経性大食症（以下「過食症」）」は、同時期の女性の数％いると言われている。一般に、拒食症は十代に、過食症は二十歳前後に多くみられるとされる。

男女比で言えば、女性に圧倒的に多い病気で、男性の十倍以上もいるらしい。もっとも、ほかの病気と同じように、時代とともに摂食障害も軽症化が進んでいて、最近はかつてよりも軽いケースが増えてきているようだ。

過食症はそれほどでもないけれど、拒食症の場合は合併症などから命に関わることもあるから、その意味では要注意だ。ただ実際のところ、拒食症と過食症は、そんなにはっきりと区別できるとは限らない。両方一緒に出てきたり、あるいは入れ替わったりすることもよくある。原因としては、遺伝、内分泌、家族病理、嗜癖、発達、社会文化的な背景など、さまざまなものが指摘されているが、これという決定的な原因はまだわかっていない。もちろん虐待やトラウマとの関連性、あるいは女性のひきこもり事例に過食がともないやすいなどの指摘もある。

混乱するジェンダー・アイデンティティ

次に、それぞれの特徴を簡単にみてみよう。

拒食症の場合、もともと几帳面でがんばりやの十代少女によくみられるとされる。無神経な友だちから「太ったね」と言われたことなどをきっかけにして、容姿へのこだわりが強くなり、ダイエットをはじめる。ところが、いざ目標体重に至っても、そこでやめることができない。もっともっとやせたいと思うようになり、どんどん食べられなくなっていく。

彼女たちは自己評価が低いうえに完全主義的なところがあるので、ほとんど絶食のようになってしまうこともある。これに、太ることへの非現実的なまでに強い恐怖が加わって、ますます体重は減り続ける。それでもはじめのうちは、絶食して体重が減ることが快感で、まるで依存症のように、拒食にのめり込んでいくこともある。

身体がそれほど衰弱していないうちは、むしろやりすぎなほど活動的になることもあり、勉強やスポーツ、仕事や趣味などを、人並み以上にこなす場合もある。しかし体重減少が続けば、やがて月経がなくなり、脱水症状や貧血、不整脈、肝機能障害など、さまざまな身体症状が出現する。あるいは、自殺未遂を繰り返すような場合もある。

先ほど触れたヒルデ・ブルックは、拒食症の起こり方をこんなふうに説明している。強い無力感を抱いている子どもが、母親と密着したまま思春期を迎え、心理的に母子分離をすべき時期になって不安に圧倒される。そのとき、新しい自分自身をうまく作れなければ、摂食障害を発病するのだという。

密着することで、自分と母親の身体が同一化してしまっているとき、拒食はそのような身体への攻撃としてなされるのだ。女性は男性よりも母親と同一化しやすいため、摂食障害が女性に多くなるのは当然のことである。こうなると患者の精神は停滞し、創造的に生きることが難しくなってしまう。

一方、過食症は、拒食症から移行する場合もあるし、そのほかの精神疾患に合併することも多い。はじめはストレスによるむちゃ食い程度の症状だったものが、次第に太ることを恐れて、過食したあとに食べたものをすべて嘔吐するような習慣が徐々に定着していく。

これとともに、食事がまるで「儀式」のようになり、単に満腹しただけではやめることができなくなっていく。たとえば「食べ物がのど元まで詰まった感じがするまで」あるいは「冷蔵庫が空になるまで」といった「目標」で食べ続けることになる。そして食べたあとは、食べたものすべてをトイレなどで吐いてしまわないと気が済まない。

それでも飽き足りず、利尿剤や催吐剤を使って体重を減らそうとすることもある。

度重なる嘔吐は体内の電解質バランスを崩し、不整脈やけいれんを生ずることもある。また、しばしばリストカットなどの自傷行為、薬物乱用、アルコール依存、性的逸脱行為、万引き、買い物癖、家庭内暴力などの問題も合併しやすく、そのためにいっそう、問題が深刻になりがちだ。

もちろん摂食障害の背景にも、複数の要因がさまざまに関与している。しかしつきつめて言えば、摂食障害は、最初にも述べたように、思春期・青年期に特有のアイデンティティをめぐる混乱がもたらすもの、と考えることもできる。たとえば精神科医の山登敬之氏は、そうした視点から、この問題について考察している（『拒食症と過食症』講談社現代新書）。

かつてはこの疾患の原因の一つとして「成熟拒否」が盛んに言われたことがある。たしかに、ふくよかな「女性らしいからだ」を嫌悪する傾向は、とりわけ拒食症にはしばしばみられがちだ。「かつて」と書いたのは、「成熟」や「女性らしさ」という概念自体が混乱に陥っている現代にあっては、そうした説明だけでは不十分のように思われるからだ。あるいは単純な成熟拒否とみなすよりも、より広い意味での「ジェンダー・アイデンティティの混乱」と考えたほうがよいかもしれない。

女性のジェンダー・アイデンティティは、そのかなりの部分を「ボディ（身体）・イメージ」が占めている。摂食障害においては、このボディ・イメージがきわめて混乱しているケースによく出会う。拒食症でよくみられるのは、みるからに骨と皮ばかりにやせてしまっているのに、本人は「まだ太りすぎている」とかたくなに主張して、絶食を続けるようなケースだ。「限りなくやせて植物のようになりたい」と訴えたケースもあった。それほど極端ではないまでも、女性らしさを遠ざけて、少年のような、というよりは、ユニセックスな外見を好む傾向もよくみられる。

ツィギー・ブーム以後、患者が急増

この章で摂食障害の話をしているのは、摂食障害の場合にも、僕の言う「病因論的ドライブ」のありようが、はっきりとみてとれるからだ。

なぜ、そう言えるのか。それは、摂食障害が増加する背景として、家族や個人の要因もさることながら、そこにはっきりと時代風潮の影響がみてとれるからだ。

この問題は――病因論的ドライブが問題となる疾患すべてに共通する傾向だが――基本的に先進地域特有の問題だ。発展途上地域では、つまり日々の食料を確保して生存することが生活のメインテーマたりうる地域では、当然ながら摂食障害はほとんどみられない。社会が成熟し、飽食文化がゆきわたった社会においてこそ、摂食障害が問題化しうるのだ。

なぜだろうか。これも先進諸国ほとんどに共通する美意識として、肥満は徹底して排斥され、スリムな身体こそが美しいとみなされがちだからだ。

よもや「女性はやせているほうが美人」という価値観が、時代や地域を超えた永遠の真理だと思っている人はいないだろう。これはもちろん、二十世紀後半にあらわれた特殊な価値観にほかならない。その証拠に、十九世紀以前の泰西名画なんかをみていると、どうみてもBMI(Body Mass Index)が二五以上はありそうな豊満美人がたくさん描かれている。こんなふうに、かつての女性美には「豊満さ」「ふくよかさ」などが含まれていた。でも、いまは「スレンダーさ」が至上の価値を持ってしまっている。

こういう傾向は、いつごろからはじまったのだろうか。

海野弘氏の『ダイエットの歴史』(新書館)という、たいへん興味深い本によれば、いまにつながるダイエットの歴史は、一九二〇年代までさかのぼる。そもそものはじまりは一八九〇年代までさかのぼるとされているが、本来は栄養学などにもとづく、肥満予防のための流行だった。それゆえ男女を問わず、ダイエットは健康法として推奨された。

この本によれば、女性の美しさの基準としてスレンダーであることがもてはやされるようになったのは、一九二〇年代らしい。当時流行した「ボーイッシュ・ルック」は、女性解放のシンボルとされたが、実際にはそうではなかった、と海野氏は言う。むしろ決定的な変化は、女性美の理想が「若さ」や「少女のエロティシズム」に求められるようになったことだった。

これとともに女性の理想型は、豊満な着衣のスタイルから、スレンダーで肌を露出したものへと変化していった。この時代、女性はコルセットから解放された。しかし海野氏の言葉を借りれば、ダイエットという「みえないコルセット」を身にまとうようになったのだ。

しかし、現代のダイエット・ブームに直接つながる新しいダイエット時代は、一九六〇年代にはじまったとされている。

一九六六年に十六歳でデビューしたロンドン出身のモデル、レスリー・ホーンビーは、身長一六八センチ、体重四一キロの細身の体で、小枝（twig）のように手足が細いことから「ツイギー（Twiggy）」と呼ばれ、たいへんな人気を集めた。彼女は世界的に名を知られることになった最初のファッション・モデルであり、その存在はやはりビートルズとならんで社会現象とまで言われた。

ツイギー・ブームは日本にも到来し、このブームがきっかけとなって、欧米で、ついで日本でも摂食障害の患者が急増したとされている。もちろん、それ以前から事例は存在したたし、ツイギーの存在が摂食障害に及ぼした影響は、統計的に正確なところはわからない。

「モンローからツィギーへ」という女性の理想型の激変は、フェミニズムの視点からは、社会の押しつける「女らしさ」からの解放、とも言われている。しかし、フェミニズム運動が退潮したと言われる現代でも、ダイエット・ブームは健在だ。ダイエットはもはや、政治的な意義からはなれて、美しさそのものの追求として多くの女性の強迫観念になっているようにも思われる。

ちなみにツィギーの身長と体重データから、最もポピュラーな体格指数であるBMIを算出してみると一四・五という数字になる。現代のトップモデルの平均BMIが一七ということなので、ツィギーは現代の基準からみても「やせすぎ」の水準にあったわけだ。

スレンダーの象徴・ツィギー　© 読売新聞社

TVが決める理想のボディ・イメージ

ツィギー・ブームは、流行や社会文化的な価値観が、思春期の身体イメージにいかに大きな影響を及ぼすかが、非常によくわかるエピソードだ。

同じような話はほかにもある。南太平洋のフィジー諸島では、一九九五年からはじめてテレビ放映が開始され、『ER』や『メルローズ・プレイス』『ビバリーヒルズ青春白書』といったアメリカ製のドラマが人気を集めた。ところが、テレビ放映からわずか三年あまりで、それまでほとんどみられなかった摂食障害の患者が急増したという（一九九九年五月二十日付BBCニュース）。

それまでフィジーでは、男女ともにたくましく筋肉質な体が好ましいとされていた。しかし、ドラマに登場する俳優たちのスリムなスタイルが、フィジーの少女たちのボディ・イメージを変化させたのだ。このほかにも複数の研究が、TVメディアがいかに少女たちの身体イメージに影響するかを実証している。

このように、女性のボディ・イメージの力が摂食障害の起こり方に関係しているという考え方は、いまやほぼ定着したと言ってよいだろう。

しかしその一方で、教訓的な悲劇も起こった。一九八三年、世界的に人気のあった兄妹デュオ「カーペンターズ」の妹、カレン・カーペンターが、拒食症がきっかけで亡くなったのだ。死因は栄養失調による衰弱と、ダイエットのために服用していた下剤と甲状腺ホルモンなどの副作用による心不全とされている。彼女の死は、摂食障害が時には死に至る病であることを世界中に認識させる、大きなきっかけになった。ほかにも故ダイアナ妃や歌手のジャネット・ジャクソン、女優のクリスティーナ・リッチなど、さまざまな有名人が摂食障害に悩んでいたことが知られている。

つい最近も、アメリカで活躍していたブラジル出身のスーパーモデル、アナ・キャロリーナ・レストンさんが拒食症が原因で死亡した。死亡時の体重は三九キロで、BMIは一三・二だったという（二〇〇六年十一月十七日付朝日新聞Web版）。

こうした事件の影響をうけて、スペイン政府やイタリア政府が、やせすぎのモデルをファッションショーに出演禁止にする措置をとりはじめ、ニュースに取り上げられている（二〇〇七年二月五日付毎日新聞）。イタリアには約三百万人の摂食障害の患者がおり、九五％は女性とのことだ。この措置は、拒食症をなくそうというキャンペーンの一環として実施されている。ファッション界からは反発が強いらしいが、医師らは歓迎しているらしい。ちなみに、この「出演禁止」の基準値となるBMIは一八である。これではツィギーはイタリアやスペインのファッションショーには出演できそうにない（その後イタリアでは、二〇〇七年九月に体重三一キロの拒食症の女性モデルを起用したヌード広告が新聞紙面や広告掲示板に掲載されて話題になった。これも拒食症予防キャンペーンの一環としてなされている）。

女性は「表層」に病み、男性は「本質」に病む

ここで「摂食障害」の発症に影響を及ぼす「病因論的ドライブ」について考えてみたい。社会の側の要因として、女性の理想型が時代とともに変化し、とりわけ一九六〇年代以降、「若さ」や「スレンダーさ」が美の基準として決定的になったこと。この影響はとうてい無視できない。しかし、そのような美の基準を持つ社会を、一概に「病んだ社会」と決めつけるわけにはいかない。

個人の側の要因としては、女性性の本質に関わる問題がある。なぜ男性は、女性よりもはるかに摂食障害になりにくいのか。もちろん現代は、男性もある程度はやせていることが望ましいとされているが、こちらは女性の場合とは意味合いが異なる。男性の肥満は、たとえば加齢であるとか、自己管理能力の低さ、などを意味する記号なのだ。美意識というよりはそうした「性能」の問題なので、それほど切実な問題にはなりにくい。

ここで興味深いのは、男性の中でも同性愛者には摂食障害が発症しやすいという報告があることだ。あるいはボディビルダーにも、同じような傾向がみられるという。その理由として、彼らが若い女性の摂食障害者と同様に、自分の外見に対する強いこだわりを持つためとされている。

さて、ここからの議論は、見かけ上、女性の読者には不愉快なものになるかもしれない。なぜなら僕は、これから女性の本質について「表層性」をキーワードに論じようと考えているからだ。

まずは言い切ってしまおう。精神分析的に考えるなら、「女性」の本質は表層的な見かけにあり、「男性」の本質は内面的な機能にある。ただし、ここでは表層よりも内面がえらいとか、見かけよりも機能が大切だとか、そういう価値判断はいっさい関係ない。

「女性の本質」は見かけにしかない。このことを言うために、たとえば精神分析家ジャック・ラカンは、いみじくも「女性は存在しない」と言い切った。別の言い方をすれば、これは、分析で一般的な解が得られるような、「女性性の本質」なるものは存在しない、ということになる。

先ほどの話に関連づけるなら、男性のゲイもボディビルダーも、その意味では「女性的」と言える。

こういう違いは、病においていっそうはっきりとあらわれる。

心因性の疾患で、性差がもっともはっきり出てくるのが摂食障害とトリコチロマニア（抜毛症）だ。いずれも圧倒的に女性に多い。これらは広い意味で、性的なボディ・イメージの葛藤に起因するものと考えられる。その意味からも、彼女たちは表象されたセクシュアリティという部分において病んでいる、とみることができるだろう。

精神科医の笠原嘉氏は、思春期における身体にまつわる葛藤が、女性では摂食障害、男性では醜形恐怖や自己臭としてあらわれることが多いと指摘した（『青年期』中公新書）。ここにも性差の問題があらわれている。

摂食障害は、あくまでも「見られるからだ」という表層性に関わる問題だ。しかし醜形恐怖や自己臭は、「自分の本質が見抜かれてしまう」ことへの恐怖なのである。つまり女性は表層において病み、男性は本質において病む。もう一度念を押しておくが、この違いは、いっさいの価値判断とは無関係である。

いささか回りくどくなったが、身体という表層的なものに、男性以上に自らの存在価値を賭けている女性が、いびつな身体イメージを持つことで心を病むのは当然のことだ。生物学的にはきわめて不自然とも言えるファッション・モデルたちのイメージが美的基準を先導するとき、それは多くの女性たちに意欲と存在意義を与えながらも、その一方で病理の源泉ともなる。「社会」と「個人」のカップリングが病理をもたらす「病因論的ドライブ」の一つの典型が、ここにもある。

拒食は「主体的な選択」なのか

アメリカでプロアナ（Pro-ana）という運動が話題になっている。まだ日本ではあまり知られていないが、拒食症（anorexia）に賛成（pro）するという「運動」ないし「態度」を選択する人々のことだ。過食症にも同じ「運動」があって、こちらはプロミア（Pro-mia）という。"mia"は過食症（blimia）の"mia"とのことだ。

ウィキペディアなどを参照すると、この「運動」はもっぱらネット上で展開されているようで、拒食症を病気ではなく、「ライフスタイルの選択」として肯定的にとらえようという主張がなされているようだ。

もちろんこうした「運動」には、医師らを中心とした批判もある。飢餓状態がもたらす深刻な結果を無視して健康を危険にさらすような行為をそそのかしているというのだ。正直なところ、僕も医師としては、自分の患者にそういう運動に参加してほしいとは思わない。もし「私も参加していいか？」と聞かれたら「医師として賛成はできない」と答えるだろう。

もっとも、だからといって運動そのものに反対したり抑圧したりしようとは思わない。たとえが悪いけれど「自殺サイト」などと一緒で、どんな「運動」でも一定数の人はそこから救いを得るだろうし、ニーズがある以上「抑圧」は無意味だからだ。ニーズ、つまり支持者が一定数以下ならば、ネット上の活動の常として、そうした「運動」は短期間で淘汰されてしまうだろう。

プロアナに限らず、こうした一種の自助グループ活動の背景には、患者に過度の経済的負担を強いる病んだアメリカの医療（マネージメント・ケア）状況があるだろう。日本のように医療費負担の少ない国で、プロアナの運動がアメリカ同様に盛り上がるとは思えない。

僕が個人的にプロアナに興味を覚えるのは、拒食症の肯定という問題が、不登校やひきこもりの肯定と似た要素をはらんでいるからだ。

後でも触れるけれど、僕は「ひきこもり」をいったんは肯定する。そのうえで、「ひきこもり」がもたらすさまざまな問題を、臨床的な事実として呈示する。あとは、まさに「選択」の問題だ。当事者が「ひきこもり」を肯定するならば無理にそれを変えようとは思わない。ただ残念ながら、自ら選択してひきこもっている人に、僕はほとんど会ったことがない。診察室の中はもちろん、診察室の外でも。

なにが個人の「選択」か、を考えることは難しい。政治的立場からは、自由意思による「選択」は、もちろん肯定されなければならない。しかし精神分析的に考えるなら、「選択している」のか「選択させられている」のかは、それほど簡単に答えられる問題ではないはずなのだ。

個人の「選択」という身振りの中には、「選択させられている」要素も含めて、すべていったんは「自分の選択」として引き受けなおす過程が、多少なりとも含まれている。そう、たとえばあなたがブランド品を買う時のように。

「ひきこもり」問題の難しさは、それが表面上は個人の選択にみえて、そのほとんどの内実は「選択させられた」結果として生じていることだ。もちろん、誰かが無理にひきこもらせているわけではない。ただ、時として人は「状況」に強いられてひきこもってしまうことがある。つまり「ひきこもり」を選択させられる。

しかし周囲からは「好きこのんでひきこもっている」と誤解され、批判される。だからこそ本人は二重に苦しまなければならない。「ひきこもり」そのものがもたらす苦痛。加えて、その苦痛を誰のせいにもできず、選択の責任を背負い込まされる苦痛。

プロアナの運動が痛々しく思えるのは、拒食を「選択させられている」状況すらも、かなり強引なやり方で「主体的な選択」に変換させようという意図が感じられるからだ。

たとえばプロアナのサイトには、「シンスピレーション（Thinspiration）」と呼ばれる写真が多数掲載されている。この言葉は「やせている（thin）」と「鼓舞するもの（inspiration）」の合成語だ。つまり、やせたい気持ちを励まし、奮起させるために、ケイト・モスなどのやせたモデルの画像を利用するというものだ。

もちろん、それが当事者の自己肯定感を高めてくれるなら、その事実はさしあたり批判されるべきではない。しかしそれでも、疑問は残る。

僕には、プロアナの運動が、本章で述べた「女性の表層性」をいっそう強化するもののように思われてならない。もし「やせている女性だけに価値がある」という社会通念から拒食症の問題が起こっているとすれば、プロアナはその「病因論的ドライブ」をいっそう強化しようとするかのように思えるのだ。ツィギーと拒食症の関係を、彼らは意図的に繰り返そうとしているのである。

その一方で、僕は無責任にも、プロアナの運動が今後どう展開されるか、かなり強い関心を持っている。もし拒食症が、「ひきこもり」がそうであるように、個人と社会との関係性の中で生じている「問題」であるなら、プロアナ活動は、そうした関係性にいわばターボをかけて加速するような運動といえる。それが社会的な実験として、どんな帰結をもたらすか。成功するにせよ失敗するにせよ、そこから僕らが学ぶべきことはたくさんあるはずなのだ。

第五章　学校へ行かない子どもたち

ただ増えているだけなら問題ではない

この章では、いわゆる「不登校」について考えてみたい。

もちろんいまや「不登校」は、なんら特別な状態ではない。一つには、とにかく不登校人口が増えたから、ということがある。最近はちょっと減ってきているという調査結果もあるけれど、減少の幅は微々たるものだ。

どのくらい多いものか、まずはざっと統計データからみてみよう。

平成十八年度に文部科学省が実施した学校基本調査で、三十日以上学校を欠席した「不登校」の児童生徒は十二万七千人だった。前年に比べて四千人増えている。

実は前年の平成十七年度まで、不登校人口は四年連続で減少していた。今回の調査は実に五年ぶりの増加である。もっとも、それまでの減少にしても、本質的な変化とは言いがたい。少子化や週五日制の影響を割り引いたら、学校環境そのものが改善されたとはとうてい言えない。

もっと長いスパンでみてみるなら、学校基本調査の結果だけに注目しても、この三十年間の増加ぶりはすさまじい。なにしろ、一九七五年には一万五百三十四人だったものが、一九九〇年には四万八千二百七十三人、さらに不登校人口がピークを迎えた二〇〇一年には、十三万九千人にまで増加している。この間の増加は一直線で、前年よりも減少した年はまったくない。

もっと言えば、この学校基本調査だって、本当に信頼できる調査と言えるかどうか。この点についてはずいぶん批判も多いのだ。なにしろ多くの先生方は、いまだに不登校を恥ずべきこととととらえている。「うちに不登校の生徒はいない」と胸を張る教師に会ったのは一度や二度のことではない。どうせ自慢するなら、「うちは不登校生徒にはこういう対応をしています」くらいは言ってほしいものだ。

まあ余談はともかく、不登校がいかにありふれた問題であるかということはよくわかってもらえたことと思う。

断っておくけれど、もちろん「不登校」は、診断名や病名ではない。これは学校教育の中の問題だから、たとえば文部省（当時）は、平成十一年度の学校基本調査において、不登校を次のように定義している。

年間三十日以上の長期欠席者のうち「何らかの心理的、情緒的、身体的、あるいは社会的要因・背景により登校しない、あるいはしたくてもできない状況にある状態」。要は学校をめぐる、主に心理的・社会的な葛藤から登校ができなくなる状態のことだ。ちなみに、それまでは「学校嫌い」を理由とする長欠者を対象としていた。平成十一年度以降、定義が広げられたことになる。

実は「不登校」というのは、ほんらい小・中学生に対してだけ用いられるコトバだ。だから統計データも、中学までのものしかない。しかし現実には、同じような状態は、高校生、大学生はもちろんのこと、最近では専門学校生や大学院生にも珍しくなくなってきている。もちろん、ただ増えるだけならどうということもない。

これだけ不登校が当たり前の存在になってくると、もう学校に行かないことくらいで大騒ぎすることもない、とは言える。追跡調査などの結果をみても、不登校のかなりの部分は、特別のことをしなくても、進学とか就労とか、いろんな居場所をみつけていけるようになるらしい。むしろ治療だなんだと騒ぎすぎるほうが問題、という意見もある。僕も半分くらいは、それに賛成だ。

でも残念なことに、どんな状態にも適応できない子どもは一定の割合でいるものだ。「〈学校〉には適応できない」けれど「〈不登校〉には適応できる」子どもが大勢いる一方で、「〈学校〉にも〈不登校〉にも適応できない」という子どもも少なくない。そういう子にとっては、不登校はあまり救いにならない。

それどころか、中には長びくにつれて、ひきこもり状態や家庭内暴力、自殺未遂のような問題が起きるような場合もある。頭痛、腹痛などの心気症状、対人恐怖症状、頻回の手洗いなどに代表される強迫症状、抑うつ気分などといった精神症状があらわれてくることだってあるのだ。

「登校拒否」から「不登校」へ

そもそも不登校というのは、ほぼ先進国に限って起こる問題だ。なぜだろうか。第一章でも書いたように、社会が成熟すれば、青年期におけるモラトリアム期間が延び、いきおい子どもは大切にされるようになる。言い換えるなら、子どもが労働の義務からはじめて解放される。逆に後進地域ほど子どもが学校に行きたがるのはなぜか。学校がなければ子どもは働き手にさせられてしまうからだ。厳しい労働に比べれば、友だちと会えたり勉強したりできる学校のほうがずっと楽しいのは当たり前だ。

ところが先進諸国では、むしろ勉強こそが労働と同じ意味を持つようになる。義務教育っていうのは、もともと大人が子どもに教育の場を提供する義務、って意味なんだけれど、いつのまにか「学校に通うのが子どもの義務」みたいになってしまった。そんな学校を拒否したくなる子どもが大勢いるのは、当然と言えば当然のことだ。

ところで、学校へ行かない子どもたちを、専門家はどんなふうに見てきただろうか。

学校へ行かない児童は、その最初期の研究においては「ずる休み（truancy）」と呼ばれていた（I・T・ブロードウィン　一九三二年）。

これとは異なった状態として「学校恐怖症（school phobia）」という言葉が最初に用いられ

たのは、A・M・ジョンソンが、一九四一年に発表した論文とされている。

わが国では、佐藤修策氏による一九五九年の報告が、不登校をはじめて紹介した論文と言われているけれど、そこでは「神経症的登校拒否」という言葉が用いられていた。

ちなみに、この当時わが国で、最も早くから不登校問題に取り組んでいた研究者の一人、高木隆郎氏とあるシンポジウムで同席したことがある。その席で高木氏が、不登校がこれほど長期間にわたり問題になろうとは予測もしなかったと語っていたのが印象的だった。

ところで、ジョンソンの用いた「学校恐怖症」という言葉には、不登校＝病気という発想が強すぎた。これは、母子分離不安説にもとづく精神分析的な視点からのもので、そういうケースがないとは言わないが、この考え方があてはまる事例はかなり限られている。

このため、一九六〇年代頃から「登校拒否（school refusal）」が一般的に用いられるようになった。しかしその後、さらなる事例の増加と多様化に伴い、この問題を個人の病理として考えることはいっそう困難になっていった。

一九七五年頃までは、登校できない子どもの数はまだそれほど多くなく、これを個人病理として理解し、治療しようという専門家も少なくなかった。この当時、「登校拒否」は神経症の一種と考えられていて、本人の性格や両親の養育態度の問題として扱われることも多かったのだ。

先日、今から三十年前の一九七七年にNHKで放送されたドキュメンタリーを観る機会があった。この番組には一人の不登校児が登場する。彼はさまざまな心身症状を抱えて学校に行けなくなり、入院治療を受けていた。三十年前の番組とはいえ、今の不登校事例と共通点が多いことに驚かされる。ただし最近では、不登校のみを理由として入院治療まで受けるという事例はほとんどない。

一九八一年に放送された別のドキュメンタリーでは、一九八三年にしごきで練習生を死亡させて校長が逮捕された戸塚ヨットスクールを取材している。ここでは不登校の子どもたちは「精神力が弱い」という理由で、身体的な鍛錬を受けさせられていた。つまり当時の不登校は「矯正」されるべき存在だったのだ。

こんなふうに、かつては「不登校」に対しても、入院からしごきまで、さまざまな対応がなされていたのだ。当時の、不登校をめぐる混乱した状況がうかがえる。いや、実はいまでも、似たような構図が残っているのかもしれない。

ともあれ、その後も不登校は増加の一途をたどり、そこには実にさまざまな問題が含まれていることがわかってきた。これとともに、不登校を個人や家族だけの病理として理解することはますます難しくなっていった。

そんな中、精神科医の渡部位氏は、不登校を「子どもが学校状況から自己を防衛するための回避行動」として、はじめて社会や学校の側の問題を指摘した。

こうした渡辺氏の考え方は、その後急速に広がりをみせたフリースクール運動に受け継がれていった。子どもを情緒障害児あつかいするのではなく、学校批判の視点を掲げた東京シューレが奥地圭子氏によって設立されたのは一九八五年のことだ。東京シューレと「不登校を考える親の会」は、全国的な支持を受けた。

不登校を病気とみなして治療したり、問題行動として矯正したりしようとする姿勢に対して、フリースクール運動は強烈なカウンターとなった。

一九九二年、文部省（当時）の学校不適応対策調査研究協力者会議は、「どのような家庭のどのような子どもにも不登校は起こりうる」とする、かなり画期的な報告を行った。なぜ、この報告が画期的だったのか。それは家族や個人に原因のある「病気」という見方をあらため、「犯人捜し」の論理を封じてしまったからだ。「母親が甘やかしたから」とか「もともと本人がひよわだから」といった非難が無意味になってしまったのだ。

もちろん実際には、統計調査などをすれば、本人や家族になんらかの特徴を見つけだすことは難しくないかもしれない。だからこの報告は、しっかりした調査研究にもとづく報告というよりは、「不登校についてはこんなふうに考えよう」という宣言にひとしいと僕は考えている。病気ならともかく、不登校のような問題を考える場合には、こうした基本姿勢を貫くことに大きな意味があるだろう。だからこの報告は高く評価されたし、この姿勢は現在に至るまで受け継がれている。

この報告以降、「登校拒否」にかわって、より価値判断から自由な「不登校（nonattendance at school)」という言葉が、ほぼ統一的に用いられるようになっていった。

不登校の分類は役に立つか？

不登校が時代とともに増加し、さらにはその多様性が増すにつれて、さまざまなタイプ分類が試みられてきた。しかし山登敬之氏が指摘するように、どの子にも起こりうる不登校を分類することに果たして意味があるのかという疑問の声もあがっている。

山登氏は治療機関を訪れる不登校については、（1）身体的疾患をもつもの、（2）精神病が疑われるもの、（3）神経症様症状を呈するもの、くらいの大まかな分類で十分であるとしている。

これではあんまり大ざっぱすぎると思われるかもしれない。そういう人向けには、臨床家向けの、もう少しくわしい分類を紹介しておこう。その一つが齊藤万比古氏による不登校の多軸評価だ。

これは（1）背景疾患の診断、（2）発達障害の診断、（3）不登校出現様式による下位分類の評価、（4）不登校の経過に関する評価、（5）環境の評価という五つの軸に関して評価するものであり、とりわけ発達障害に重きを置いている点は注目される。

また「不登校出現様式による下位分類」のほうは、従来からの分類に最も近いものだ。プライドの高い過剰適応型不登校、自信がなく不安が強い受動型不登校、オトナからの過干渉に対する反発が基本にある受動攻撃型不登校、対人関係の中での衝動が抑えられない衝動統制未熟型不登校などがあるとされている。

これらの分類は、不登校をよく知らない人に、おおよそどんなタイプのものがあるのかを具体的に知ってもらううえでは意味があるだろう。しかし率直に言えば、それ以上の意味はあまりないように思う。僕が知る限り、こうした分類はけっこう流動的で不安定なものだ。不登校の治療では、関わりを持つ中で子どもの状態像も変わっていくことがよくあるからだ。

むしろ、最初に分類という〈先入観〉をつくってしまうと、その後の治療関係もどこか不自由なものになっていくような懸念もある。不登校に限らず「ひきこもり」もそういうところがあるけれど、「診断・分類して治療をする」という関係よりも、「関わりながらニーズをみつけ、それにみあったサービスを提供する」という関係のほうが大きな比重を占めることが多い。後者のような関わりにおいては、細かい分類はあまり意味を持たないのではないか。

時には治療が必要な身体症状も

不登校にみられる最近の傾向としては、小学生から中高生へと高年齢化しつつあることや、女子事例の増加、登校への葛藤（行きたくても行けない）が弱まってきたこと、とくに年長事例で卒業後にまでひきこもり状態が長期化しやすくなったこと、などがあるようだ。

また不登校は、そのまま病気とは言えないにしても、時にはなんらかの症状が出てきて、治療が必要になる場合もある。とりわけ学校を休みはじめる初期段階には、さまざまな身体症状を訴えることがよくみられる。

たとえば学校へ行く時間になると、決まって頭痛や腹痛が起こることがある。急に下痢がはじまってトイレにこもりきりになってしまう、などの症状が典型的だ。ほかにも吐き気や食欲不振、発熱、だるさ、チック、過呼吸、手足の痛みなど、多彩な症状が出てくることがある。こうした症状は、登校時間が過ぎて、午後になるとけろりと消えてしまうことが多いため、登校のストレスから起こっていると考えられる。

身体症状ではないが、家族が無理に学校へ行かせようとすると、子どもがそれに反発して、攻撃的・暴力的になることもある。これがこじれると家庭内暴力となるので、そうなる前に登校刺激をやめなければならない。

基本的には、無意味な刺激を避けてできるだけ受容的に接していれば、これらの症状は徐々に改善に向かうことが多い。ただし、時に自分の部屋に閉じこもりっぱなしの状態になる場合もある。もちろん、そこから時間とともに回復し、再登校や就労に至るケースも少なくはない。しかし、社会参加に向かえないまま、ひきこもり状態が長期間に及んでしまうこともある。この点は、「ひきこもり」についての章で、もう一度触れることにする。

一五〜二〇%が「ひきこもり」に移行?

不登校は、次章で述べるひきこもり問題との関連も指摘されている。ひきこもり問題が最初に発生するのはしばしば十代半ばからで、それゆえ初期段階は不登校のかたちをとることが多いのだ。僕自身、ある種の不登校はひきこもりと区別がつかないと考えている。

不登校が長期を経過した後にどのような状態に至るかについては、これまでさまざまな研究がなされてきた。「経過」が良くないと判断された不登校事例は、その多くがひきこもり状態などのかたちで長期化している可能性が高いと思われる。これまでになされた研究の結果を、次ページに表に示しておこう。

二〇〇一年九月、文部科学省は「不登校に関する実態調査」の結果を発表した。この研究は、大阪市立大学の森田洋司氏らの研究グループに委託されていたもので、平成五年度に「学校ぎらい」を理由に年間三十日以上欠席し中学校を卒業した生徒三千例を対象とした大規模な調査

[図表08] **不登校追跡調査報告一覧**

著者	発表	対象	診断名	追跡期間	調査法	社会適応(%)	
						良好	不良
梅沢	1984	40	登校拒否	退院から? 2-12年	郵便・ 電話	75.0	25.0
渡辺	1983	169	登校拒否	受付から? 4-5年	電話・ 面接	82.8	17.2
渡辺	1986	50	登校拒否	退院から 9-17年	直接・ 間接に 把握	92.0	8.0
斉藤ら	1989	190	不登校伴う 神経症圏 疾患	中卒・退院後 4-22年	スタッフ から聴取	73.2	26.8
		158	そのうち 登校拒否	中卒・退院後 4-22年	スタッフ から聴取	76.6	23.4
斉藤ら	1989	92	不登校伴う神 経症圏疾患	卒業・退院後 ?	郵便	69.6	30.4
		68	そのうち 登校拒否	卒業・退院後 ?	郵便	73.5	26.5
斉藤ら	1993	92	登校拒否	退院後 ?	郵便	70.0	30.0
梅垣	1966	150- 10	学校恐怖症・ 疑い	発症から 6カ月- 8年10カ月	郵便	80.0 (74.7)	20.0 (25.3)
若林ら	1983	25	登校拒否	発症から 5-21年	面接・ 親から 聴取	56.0	44.0
大高ら	1986	40	登校拒否 (神経症性)	発症から 6-22年	面接?	65.0	35.0
丹治ら	1990	51	登校拒否	退院から 1-3年	アンケ ート	78.4	21.6
可知ら	1993	147	不登校(主訴)	退院から? ?	郵便	84.0	13.0
森口	1986	48- 26	不登校(主訴) 高校生	初診から 2-14年	電話・ 郵便	86.4 (62.5)	13.6 (37.5)
生田ら	1984	77	不登校	初診から ?	郵便・ 電話	60.0	40.8

山登敬之「不登校」より抜粋、『臨床精神医学講座』(大森健一編、中山書店)第18巻「家庭・学校・職場・地域の精神保健」

だった。

中学を卒業して、約五年後の平成十年十一月から平成十一年二月にかけて、郵送によるアンケートと電話によるインタビューが試みられた。この調査結果のうち、「ひきこもり」に関連性の深い項目として「最も長く続いた状態」と「現在の状況」がある。

中学校卒業から現在まで、最も長く続いた状態が「なにもしていない」と回答したものは、全体の一七%、また現在の状態として「就学も就業もせず」と回答したものは全体の二三%だった。

もちろん、いずれの項目も、そのまま「ひきこもり」を意味するわけではない。しかしこれに、従来の不登校の予後調査の結果などもあわせて考えるなら、不登校事例全体の、およそ一五%から二〇%が長期化し、ひきこもっていくと推定することも不可能ではないだろう。しかし逆に言えば、これは不登校経験者の八割以上が「なんとかなる」ことを意味するデータとも読める。若年で起こる「ひきこもり」の「予後」は決して悪くないという印象とあわせて、これはこれで明るい材料と言えるかもしれない。

学校が子どもをつなぎとめる力を失った

不登校の多様化にともなって、「なぜ学校に行きたくないのか」の理由も多様なものになりつつある。たとえば最近の調査では、友人関係が最大の要因になっている。ここにはもちろん、「いじめ」のような問題も含まれてくるだろう。

しかしもちろん、それだけが原因ではない。

不登校問題が日本に限らず、各国にみられる問題であることを考えるなら、そこには歴史的、あるいは社会文化的要因も関係している可能性がある。学校が義務化することの弊害は、さっきも述べたとおりだ。精神科医の滝川一廣氏は、日本の教育制度から絶対性・聖性が失われ、もともと抱えていた制度上の無理がはっきりしたことが一因であるとしている。能力や関心の異なる子ども集団に、同じ速度で同じ内容を教え込むことに、もともとの無理があるというのだ。これに限らず、学校制度の有効性や魅力が衰弱していき、子どもたちを学校につなぎとめる力が弱まっているという指摘は多くある。

不登校の問題が、単純な原因論では尽くせないことはいうまでもない。不登校経験者で『不登校は終わらない』（新曜社）の著書もある貴戸理恵氏は、その究極の原因は語りえないものとしている。ここで注意すべきなのは、不登校の原因が「謎」なのではなく、あえて「語りえない」とされている点だ。この点についていえば、不登校もひきこもりも事情は似かよっている。いずれもその経験を「語りえない」という点において。

「ひきこもり」の多くが不登校経験を持つという点から考えても、両者の関係は決してうわべだけのものではない。よって、不登校における病因論的ドライブについては、「ひきこもり」の章であわせて考えていこう。

深く関われば子ども個人がみえてくる

どんな社会、どんなシステムにも、不適応は起こりうる。少なくとも、僕はそう考えている。そうだとすればさしあたり必要なのは、完璧な予防策よりも、十分な対応策だ。

なんらかの「病因論的ドライブ」の働きが、不登校につながっているとしたら。まずはその作動を、目にみえるかたちにする必要があるだろう。たとえば社会学者の宮台真司氏や上野千鶴子氏らによって批判されている「学校化社会」などもその一つだ。「学校化社会」とは学校的価値観が蔓延した社会のことだ。たとえば偏差値一元主義といった学校的価値のもとに行われる競争は、敗者には不満、勝者には不安、というストレスを与えるとされる。「学校化社会」の問題においては、僕はいまの学校だけが諸悪の根元とは考えない。いや、これはなにも現行の教育システムを擁護するために言うのではない。学校的価値観を強く支持し続けてきたのは、なんといっても僕たち自身なのだから。

それゆえ犯人は偏差値一元主義、という単純な話ではない。そうではなくて、偏差値一元主義以外の有効な価値観を僕たちが持ちえなかったことが問題なのだ。こうした一元化を促進する要因としては、「世間体」をはじめとする均質化への圧力が考えられる。もちろんこれも、「病因論的ドライブ」を構成する要因の一つだ。

ここで、ある政策が不登校を劇的に減少させたと考えられるケースをみてみよう。

二〇〇一年度に不登校人口が十三万九千人というピークを迎えた翌年、二〇〇二年度にはじめて、不登校が減少に転じたことがあった。具体的な数字を挙げると、二〇〇一年度の十三万八千七百二十二人から二〇〇二年度の十三万千二百十一人へと、七千五百十一人も減少したのだ。

文部科学省は、スクールカウンセラーなど各種の取り組みの成果と評価したけれど、どうも決定的な要因ははっきりしなかった。でも僕は、教育評論家の尾木直樹氏が指摘したように、二〇〇二年四月から公立校の週五日制がはじまったことが一番大きな要因だったように思う。

不登校になる瀬戸際で持ちこたえている子どもたちにとって、休日が一日増えるというのは、間違いなく大きな〈救済策〉になっただろう。もしこの推測が正しければ、これは政策が「病因論的ドライブ」への介入に期せずして成功をおさめた例ということになる。

もちろん、これは例外的な事態であって、さすがに不登校対策の名目だけで社会の側を変えてゆくのには限界がある。

このような場合、やはり優先されるべきは、まず家族への対応、ということになるだろう。

基本的な方針をふまえたうえで、家族と本人の関係を調整すること。不登校に関わるための最初のステップとして、この段階はどうしてもはずせない。

もっとも、「基本的対応」は、医療関係者のみならず、学校関係者の間にも一定の理解が広がりつつある。すなわち、学校に行けない時期を一定の休養期間として保障すること。子どもが呈しているさまざまな症状については、それをまずはメッセージとして受容しながら、必要に応じて治療を行うこと。十分な休養の後に子ども自身が進むべき方向を選択できるまで、できる限り干渉を控えて見守ること。おそらく、この程度のことは、学校現場でも常識になっているものと信じたい。

治療をする場合、言葉の発達が十分ではない小学校低学年の子どもに対しては、絵画や遊戯療法などの言葉を用いない接近法を試みるなどの工夫がある。また、これも必要に応じて、スクールカウンセラーや適応指導教室、あるいは民間のフリースクールなどを利用することも、適応の幅を広げ、対人経験を豊かにするうえでは有意義だろう。少なくとも高校卒業までなら、不登校の子どもたちが利用できる社会資源はかなり豊富にある。

ところで、不登校の対応に関連して、かつて「登校刺激の禁止」が盛んに言われたことがあった。登校刺激とは、不登校の子どもに学校へ行くよう働きかけることをいう。「登校刺激の禁止」という言葉は、学校現場でいささか教条主義的に言われすぎたきらいがあり、時には教

［図表09］**不登校生徒の利用施設に関する本人による評価**

Q：中学校3年生のときに利用した施設・機関はあなたにとってどの程度役に立ちましたか

利用施設	項目	おおいに役に立った	ある程度役に立った	あまり役に立たなかった	まったく役に立たなかった	無回答	回答者総数
適応指導教室	人数（比率）	75（37.3%）	61（30.3%）	28（13.9%）	31（15.4%）	6（3.0%）	201（100.0%）
教育センター	人数（比率）	53（21.9%）	79（32.6%）	43（17.8%）	61（25.2%）	6（2.5%）	242（100.0%）
児童相談所	人数（比率）	41（19.2%）	46（21.5%）	46（21.5%）	76（35.5%）	5（2.3%）	214（100.0%）
保健所	人数（比率）	4（8.0%）	10（20.0%）	7（14.0%）	26（52.0%）	3（6.0%）	50（100.0%）
病院	人数（比率）	59（17.7%）	108（32.4%）	70（21.0%）	91（27.3%）	5（1.5%）	333（100.0%）
フリースクール	人数（比率）	21（25.9%）	19（23.5%）	11（13.6%）	26（32.1%）	4（4.9%）	81（100.0%）
民間心理相談	人数（比率）	12（12.8%）	27（28.7%）	15（16.0%）	36（38.3%）	4（4.3%）	94（100.0%）
その他	人数（比率）	27（44.3%）	9（14.8%）	3（4.9%）	16（26.2%）	6（9.8%）	61（100.0%）

出典：「不登校に関する実態調査」（平成5年度不登校生徒追跡調査報告書）現代教育研究会　2001年8月

師が不登校になった生徒に関わりを持たないための口実に利用されることもあった。

文部科学省は、こうした問題を改善すべく、登校刺激を部分的には認めていく方向に転じつつある。僕も基本的にはこの方針に賛成だ。登校刺激が本人にとって良いか悪いかは、やってみなければわからないところがある。いや、それを「登校刺激」と呼ぶかどうかはともかく、教師や家族が不登校の子どもになんとかして「関わり」を持ち続けようとする努力は、むしろ欠かせないものではないだろうか。子どもにとっては、時に「刺激」よりも「見捨てられること」のほうがはるかにつらいのだから。

そう、まずは「関わる」こと。これである。関わり続けながら、やってみて有効なことは続ければよいし、無効なことは中断する、という単純な話なのだ。まずは関わりを持ち、そういう働きかけを続けながら状況を観察し、その結果にもとづいて、必要なぶんだけ軌道修正をする。こういった柔軟性が、不登校に関わるすべての人に求められていると思う。

ただし、いかに治療が試行錯誤の連続とはいえ、不登校のような問題では、最初にどんな対応がされるかで、その後の関係性が大きく影響されるところがある。明らかに不適切な対応は、それ自体がしばしば病因論的ドライブを強化してしまう可能性があるので要注意だ。知っていれば防げることなのだから、何点か気をつけるべき点をしるしておこう。

まず精神科の受診はできるだけ慎重に、ということがある。小さい子どもの不登校などは、病院に行かせることで、早くから「自分は病気である」と決めつけてしまい、本当に病人のようになってしまう場合が少なくない。どうしても心配というのなら、とりあえず両親だけで通院しながら、本人を受診させるべき時期を模索していくのがよいと僕は思う。

前に述べた「不登校の分類」にも問題がある。まず、分類そのものがあまり役に立たない。また、不登校の状態像は、実際に関わってみる前と後では、ずいぶん異なることが多い。つまり、関わりを持つ前の分類と、後の分類が異なってくることもあるのだ。あまり早くから分類という型にはめようとすると、妙な先入観を作ってしまうことになりかねないので、僕には不登校について、分類という発想にあまり意味があるとは思えないのだ。

繰り返し、確認しておこう。不登校の治療とは、関わりながら試行錯誤することの連続だ。そして、深く関われば関わるほど、子ども個人の姿がはっきりみえてきて、不登校などという問題はどうでもよくなってくるようなところがある。親や子どもとともに悩み、ともに対策を考える中で、誰が言い出すともなく答えがみえてきたり、答えのほうに自然に体が動いてしまったりすることが大切なのだと僕は考えている。

第六章 ひきこもる青年たち

「ひきこもり」とはどんな状態か

いまや「ひきこもり」という言葉は、ひところの「ブーム」ほどではないにしても、メディアを通じてかなり広く定着した感がある。しかし、広く知られていることと、正確な理解とは別の話だ。そう、「ひきこもり」は、まだまだ誤解されている点が多いのである。

たとえば「ひきこもりは犯罪者予備軍である」といった誤解は、その最たるものといってよい。あるいは「ひきこもりは怠けである」「甘えである」といったものもある。もちろん、これらは根拠のない誤解に過ぎない。しかし、一見したところ五体満足な青年たちが、働こうともせずに何年間も親の保護のもとでひきこもり続けることに対して、依然として批判的な意見が少なくないのも事実なのだ。

しかしその一方で、ひきこもりを描いた小説（『共生虫』講談社文庫、『最後の家族』幻冬舎文庫、いずれも村上龍）やドキュメンタリー映画（『ｈｏｍｅ』）、ＴＶドラマ（『最後の家族』）、演劇（劇団・燐光群「屋根裏」）、あるいはひきこもり経験者が自らの体験を書いた本（勝山実『ひきこもりカレンダー』文春ネスコ、上山和樹『「ひきこもり」だった僕から』講談社）が出版されたり、ひきこもり経験のある小説家の書いた本（滝本竜彦『ＮＨＫにようこそ！』角川書店）がベストセラーになるなど、ひきこもりをめぐる状況は多様化し、それとともに理解も深まってきたような印象もある。また、NHKも、二〇〇二年には開局五十周年を記念して、番組やネット上で「ひきこもりサポートキャンペーン」を実施し、多数の相談が寄せられた。

それでは「ひきこもり」とはどんな状態を指す言葉なのだろうか。ここであらためて確認しておきたい。

不登校などからはじまり、学校に籍がなくなってからも自宅から出ようとせず、数年間、ときには十年以上にもわたって自室に閉じこもり続けているようなケースの存在は、かなり以前から専門家の間では知られていた。

彼らはしばしば、昼夜逆転した不規則な生活を送っており、対人恐怖症状や妄想様観念、強迫症状などの精神症状を示すこともある。また、家庭内暴力や自殺未遂などの問題行動が出てくることもある。

ひきこもり状態のきっかけとしては、成績の低下や受験の失敗、友人との不和やいじめなど、一種の挫折体験や心的外傷体験が認められることが多いと言われる。しかし、不登校と同じように、原因やきっかけがよくわからない場合も少なくない。

もともとの性格としては、内向的で非社交的、あるいは「手のかからない良い子」とみられてきたような人に多く、家庭環境としては、過保護・過干渉の母親と家庭に無関心な父親といった組み合わせがよくみられることも指摘されてはいる。しかし、これはあくまでも傾向であって、必ずしもこうしたケースばかりではない。

むしろ、不登校の場合と同様、どのような家庭のどのような子どもにもひきこもりは起こりうる、と考えるべきではないか。少なくとも、僕はそう考えている。

いくつかのアンケート調査や疫学調査は、現在こうした青少年の数が、全国で数十万人から百万人以上に及んでいることを示唆している。政府もこのような事態を重くみて、厚生労働省が対応のためのガイドラインを配布するなど、さまざまな対策が講じられてきた。しかしいまのところ、そうした試みが十分な成果を上げているとはとても言えない。

実は「ひきこもり」という言葉は、病名や診断名ではない。「不登校」や「家庭内暴力」と同様に、「状態像」を示すための言葉だ。厚生労働省は二〇〇三年七月に、「『ひきこもり』対応ガイドライン」決定版を発表したが、その中でひきこもりを、「さまざまな要因によって社会的な参加の場面がせばまり、就労や就学などの自宅以外での生活の場が長期にわたって失われている状態」（十代・二十代を中心とした「ひきこもり」をめぐる地域精神保健活動のガイドライン――精神保健福祉センター・保健所・市町村でどのように対応するか・援助するか――）と定義している。

これより以前に、僕自身は「ひきこもり」をもう少し狭くとらえて、次のように定義した。

すなわち「①(自宅にひきこもって)社会参加をしない状態が六カ月以上持続しており、②精神障害がその第一の原因とは考えにくいもの。ただし『社会参加』とは、就学・就労しているか、家族以外に親密な対人関係がある状態を指す」というものだ。

先ほども述べたとおり、ひきこもりという現象は、最近になって発見されたものではない。専門家の間では、「ひきこもり」という言葉は使われなかったにせよ、こうした状態が長く続くケースが多数存在することは、少なくとも一九八〇年代にはよく知られていた。おそらく一九七〇年代からこうしたケースは増加しはじめ、徐々に蓄積されて、現在のような規模にまで至ったのではないか。

先駆的な支援は一九七〇年代から

ここでざっと「社会的ひきこもりの歴史」を概観してみよう。

ひきこもり状態に直接結びつく研究としては、P・A・ウォルタースJr.による「スチューデント・アパシー」の概念が重要だ。わが国では笠原嘉氏がスチューデント・アパシー概念の普及に大きく貢献した。その後笠原氏は、日本の学生における特徴にもとづいてこの概念を発展させ、「退却神経症」という概念を提唱している。この退却神経症は、ひきこもりにもかなり近い特徴を持っていた。

2000年2月 2000年5月	新潟柏崎市で少女監禁事件 佐賀にはじまる西鉄バスジャック事件 ※いずれも容疑者が「ひきこもり」状態にあったと報道され、この問題に対する注目度が一挙に高まった。
2001年	厚生労働省の厚生科学研究事業「社会的ひきこもり等への介入を行う際の地域保健活動のあり方についての研究（主任研究者：伊藤順一郎 国立精神・神経センター精神保健研究所社会復帰相談部長）」の平成12年度の研究成果が、5月に発表された。また、この調査結果に基づいて、「10代・20代を中心とした『社会的ひきこもり』をめぐる地域精神保健活動のガイドライン（暫定版）」が作られ、各都道府県の保健所、児童相談所、精神保健福祉センターなどに業務参考資料として約2万部が配布された。
2003年	NHK「ひきこもりサポートキャンペーン」
2002年	BBCでひきこもり紹介番組放送。
2003年	厚生労働省より対応ガイドライン決定版配布。
2004年	東大阪市で36歳のひきこもり男性が両親を殺害、無理心中をはかるも死にきれず自首（以後、類似の事件があいつぐ）。
2006年5月	「アイ・メンタルスクール」事件。名古屋市内のひきこもり「支援」施設で、26歳男性が監禁拘束中に死亡。

[図表10] **ひきこもり問題の歴史**

1970年代	ひきこもり事例に該当する事例の出現
1983年	稲村博『思春期挫折症候群』(新曜社) 遷延型不登校への注目(1983?〜)
1984年	笠原嘉『アパシー・シンドローム』 (岩波書店)
1980年代	「ひきこもり」という名詞形の登場
1991年	厚生省(当時) 「ひきこもり・不登校児童福祉対策モデル事業」
1992年	富田富士也『引きこもりからの旅立ち』 (ハート出版)
1993年	稲村博『不登校・ひきこもりQ&A』 (誠信書房)
1996年	田中千穂子『ひきこもり』 (サイエンス社)
1997年	朝日新聞で塩倉裕による企画連載 「人と生きたい」
1998年	斎藤環『社会的ひきこもり』 (PHP研究所)
1999年	塩倉裕『引きこもる若者たち』 (上記連載をまとめたもの　ビレッジセンター出版局、後に朝日文庫)
2000年	狩野力八郎・近藤直司編『青年のひきこもり』 (岩崎学術出版社)

稲村博氏は、ここで述べている「ひきこもり」事例にいちはやく注目した精神科医の一人だった。稲村氏はこれを「アパシー」と呼び、多くの論文、啓蒙書を執筆するかたわら、若者クラブや宿泊療法など、ひきこもり治療・支援のための先駆的な活動を行ったことで知られている。

一方、さまざまな民間の支援団体も、この問題に早い時期から注目していた。現在、青少年自立援助センターの理事長を務める工藤定次氏は、一九七〇年代に私塾である「タメ塾」を開設し、最も早い時期からひきこもり事例の支援に取り組んできた。また、カウンセラーの富田富士也氏は、一九九二年に『引きこもりからの旅立ち』（ハート出版）という本を出版し、話題となった。富田氏が松戸市に開設したフレンドスペースも、カウンセリング、家族教室、たまり場などの複合的な支援体制を早くから整え、現在も対応・支援に取り組んでいる。

しかし、ひきこもり問題が最も広く注目されるようになったのは、二〇〇〇年の初頭に続発した、いくつかの不幸な事件がきっかけだった。二〇〇〇年一月に発覚した新潟県柏崎市の少女監禁事件、あるいは同年五月に佐賀県で起こったバスジャック事件まで、いずれも容疑者はひきこもり歴があったと報道され、ひきこもりは犯罪者予備軍として、にわかにクローズアップされたのだ。

こうした事態を受けて、厚生労働省は「地域精神保健活動における介入のあり方に関する研究班」を組織して全国調査を行い、その成果は二〇〇一年三月に「十代・二十代を中心とした『社会的ひきこもり』を巡る地域精神保健活動のガイドライン（暫定版）」にまとめられた。ガイドラインは全国の精神保健福祉センターと保健所に配布され、これをきっかけにひきこもり相談に取り組む自治体が増加した。札幌、横浜、神戸といった大都市では、民間NPO法人などと共同で、官民一体型の支援事業もはじめられている。

激しい葛藤にさいなまれる日々

ひきこもり状態には、さまざまな精神症状がともなう。こうした症状が出てくると、ひきこもりから抜け出すことはいっそう困難になる。またそれぞれの症状が深刻化すると、精神科での治療を必要とするようなこともある。ひきこもりは病気ではないとはいえ、精神科医が関わらざるをえないのは、こうしたことがありうるからだ。

起こりうる症状としては、対人恐怖（自己臭、醜形恐怖を含む）、妄想様観念、強迫症状、家庭内暴力、不眠、抑うつ気分、自殺念慮、摂食障害、心身症状、心気症状、などがある。これらはいずれも、ひきこもり状態のはじまりとともに、あるいは少し遅れて出現し、ひきこもりが長期化するにつれて悪化し、ひきこもりが中断すると消えてしまうことが多い。こうしたことから、これらの症状は、いずれもひきこもり状態から二次的に生じたものと考えることができる。

意外に思われるかもしれないが、ひきこもっている人たちは、決してその状態を楽しんでいたり、くつろいで過ごしているわけではない。むしろ、日々焦りと不安、そして激しい葛藤にさいなまれて過ごしていることが多い。そういう生活の中で、彼らは次第に抑うつ的になっていく。

ひきこもりの青年たちは、しばしば「自分の人生は無意味である」「自分は生きている価値のない人間である」といった苦悩にさいなまれている。時には思い詰めて自殺を考えたり、自傷行為を繰り返したりすることもある。彼らのこうした苦しさを理解することが、治療や支援の第一歩でもある。たとえ表面上は苦しさがみえなかったとしても、彼らを支える立場の人は、このような葛藤が水面下に秘められている可能性に常に配慮しなくてはならない。

ひきこもりは病気なのか

ひきこもりは病気なのかどうか、という点については、まだ結論は出ていない。ただし、ある種の精神疾患においては、ひきこもり状態がしばしばみられるため、それが状態像としての社会的ひきこもりなのか、他の疾患を基盤にもつのかは、常に慎重に判断されなければならない。

とりわけ「統合失調症」は、ひきこもり状態と起こり方やみかけが似ているだけに、早い段階できちんと鑑別しておく必要がある。もし統合失調症なら、できるだけ早い時期に薬物治療を開始しなければならないからだ。この「鑑別診断」の必要という意味からも、精神科医は「ひきこもり」と関わらざるをえない。

そういう基礎疾患がない場合でも、「ひきこもり」が精神科で治療を受ける場合、「社会的ひきこもり」という診断名はありえないため、別の診断が必要になってくる。それはたとえば「うつ病」「社会不安障害」「分裂病質人格障害」、あるいは「回避性人格障害」といったものになるだろう。また、最近では自閉症や学習障害などの発達障害を基盤とするひきこもり状態もあると言われている。

正気ゆえに自由を奪われるという逆説

もっとも、以上は臨床の現場で「ひきこもり」をどう取りあつかうべきか、という話。少し本質的に考えるなら、「ひきこもり」が病気かどうかは、なかなか難しい問題だ。

精神科医として、僕はひきこもり事例の治療を続けている。少なくともその立場から言えることは、ひきこもりの病理は、きわめて「軽症」であることが多い、ということだ。これはほとんど、正常と異常の境界線上の問題、と言ってよい。何年もひきこもるような状態を「軽症」と言い切るにはためらいもあるが、それは後で述べるように、個人病理、すなわち本人だけの問題ではないのだ。

たとえばラカン派精神分析の立場は、すべての人間を言葉を語る存在という意味において、ひとしく神経症者として理解しようとする。これは言い換えるなら「人間みなビョーキ」という見方でもある。この理解でいくと、人間がいだく欲望や、さまざまな判断、行動なども、ことごとく一種の「症状」ということになってしまう。すごく逆説的でひねくれた見方にもみえるけれど、僕はこの見方が、「正常か異常か」という、あの答えの出ない問いかけを無効にしてくれるという意味で、けっこう大切に思っている。

判断や行動が「症状」とはどういうことかと疑問に感じる人もいるだろう。これは僕なりの解釈では、どんな判断も行動も、それを合理的に根拠づけることができない、ということに関係している。たとえば「働く」ことについて。これはしごくまっとうな行動に思えるだろう。しかし、「なぜ働くのか?」という問いかけに正解はない。くわしい論証は省略するけれど、そもそも哲学的な文脈で考える限り、人間のいかなる行動の正当性も、厳密に根拠づけることはできないのだ。

そもそも「勤勉に働くこと」は無条件に「良いこと」とは言えない。年金横領にいそしむ役場の職員も、架空の事務所経費を計上すべくがんばる政治家の秘書たちも、きっと誰よりも勤勉に働いたにちがいないからだ。彼らには倫理観が欠けているというのなら、そもそも完全に倫理性をまっとうできる仕事がこの世にどれだけあるのか、という話になってくる。

厳密な合理的根拠が欠けているにもかかわらず、僕たちはいわば無根拠にある価値観を信じ、無根拠にある行動を選択する。簡単に言えば、こういう価値観や行動の本質的な無根拠さを指して、「症状」という言い方をしているわけだ。

この見方を延長すると、一つの興味深い仮説にたどりつく。ラカン派の視点からみると、ひきこもり事例がいちばん正気に近い、という結論になってしまうのだ。これはいったい、どういうことだろうか。

ひきこもっている人の多くは、自分の欲望について大きな混乱を感じている。だから自分自身についての適切な判断ができないし、それにもとづいた行動もとれない。見かけ上、欲望がなく、判断や行動もできないということは、さっき言った意味での「症状」とは縁がない、ということでもある。これは言葉遊びではない。ここから言えることは、ひきこもりは「病気」ゆえに苦しんでいるのではなく、過剰な「正気」ゆえに苦しんでいるのかもしれない、という可能性のほうだ。少なくとも僕は、そのように考えている。

もしそうなら、ひきこもっている彼らは、正気ゆえに自由を奪われる、という逆説的な状況に置かれていることになる。そして、ひきこもりの「治療」とは、彼らの過激な「正気」をやわらげ、さまざまな人間的「症状」と妥協し、共存可能にしていくこと、というふうに言い換えることができるかもしれない。

精神医学が目指す「健康」

以上のことは、もちろん「ひきこもり」に限った話ではない。いままで取り上げてきた摂食障害、境界例、解離性障害、不登校といった問題のほとんどは、僕たちに「正常とはなにか」という難問をつきつける。なぜなら、これらの問題から「正常」をとらえなおすと、むしろ僕らが「正常」と考えていることがらの大半が、かなり疑わしい根拠の上に成り立っていることがわかってくるからだ。

もちろん、だからといって僕は「彼らこそが正常だ、彼らを治療すべきではない」などと主張したいわけではない。現実には、彼らの多くは、自分だけでは解決しがたい多くの問題を抱え込んでいる。そんな彼らに「問題なんか存在しないんだ」と説得してもあまり意味がない。さしあたり問題意識を共有するところから治療関係を作り、結果的により健康度の高い状態を達成しようとすることが、治療者としての僕の現実である。

ならば「健康」とはなにか。WHO（世界保健機関）が一九九九年の総会で提案した健康の定義は、こんなふうになっている。

「健康とは身体的・精神的・霊的・社会的に完全に良好な動的状態であり、たんに病気あるいは虚弱でないことではない」

精神科的に問題になるとすれば、それは精神的な意味で「良好な動的状態」とはなにか、ということになるだろう。この点について僕自身はこんなふうに考えている。それは、自由さと安定性が高いレベルで一致することだ、と。

たとえば境界例の人は、自由に行動しているようにみえるがきわめて不安定だ。逆にひきこもっている人は、見かけ上は安定しているがきわめて不自由だ。その意味では、自由さと安定性は、なかなか両立しがたいようにも思える。この両立しがたいものがなんとか一致している状態を、ここではさしあたり、精神的健康のめやすとしておきたい。

この本で取り上げたさまざまな問題群は、安定性と自由さのいずれか、あるいは両方に問題を抱えている。もし本人がそのために苦しんだり、社会的不利益をこうむってしまうようなら、そういう状況を改善すべく、精神医学にもなにがしかのことはできる。少なくとも、僕はそう考えている。

悪循環が支える「ひきこもりシステム」

僕はひきこもりを、システムの病理として説明できるのではないかと考えている。

「個人」「家族」「社会」という三つのシステムがあると仮定しよう。通常は、これら三つのシステムは互いに接点を保ちながら、活動を続けている。接点は「コミュニケーション」と言い換えてもいいかもしれない。

ところが、ひきこもりが起こると、まず、個人と社会との接点からはずれていく。それとほぼ同時に、個人と家族の接点もはずれていく。ひきこもりの人は、社会からひきこもるのみならず、このように家族からもひきこもってしまうことがきわめて多いのだ。さらに状況が悪化すると、家族と社会の接点もはずれていく。これは家族が、専門家、知人など、誰にも相談できないまま、家庭内にひきこもりの問題を抱え込んでしまっている状態を指す。

このように、三つのシステムが接点を失い、ばらばらの状態になってしまうと、ここに非常に安定したもう一つのシステムが形作られる。つまり、システム間のコミュニケーションが絶たれた状態が一度成立してしまうと、それが別の恒常性（ホメオスタシス）を獲得してしまうのだ。

この状態を指して、僕は「ひきこもりシステム」と呼んでいる（図表11）。

実は、この「ひきこもりシステム」こそが、典型的な「病因論的ドライブ」の作動にほかならない。なぜそう言いうるか。このシステムは、純粋に「関係性」のみを問題にするために作られた仮説であるからだ。

[図表11] **ひきこもりシステム模式図**

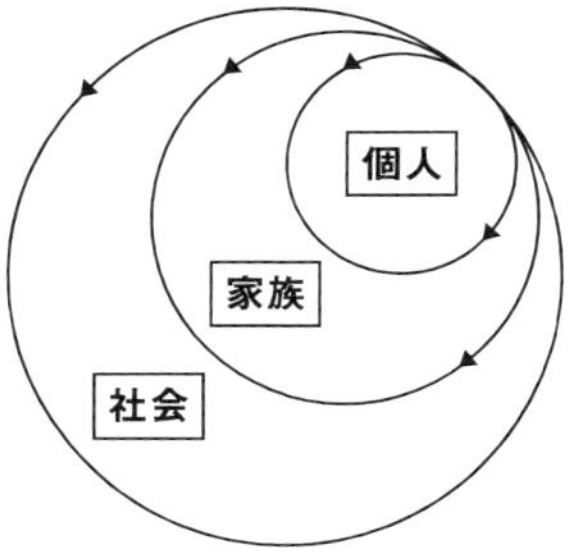

「健常」なシステムモデル

円はシステムの境界であり、境界の接点においては、システムは交わっている。

つまり、3つのシステムは相互に接し合って連動しており、なおかつ、みずからの境界も保たれている。

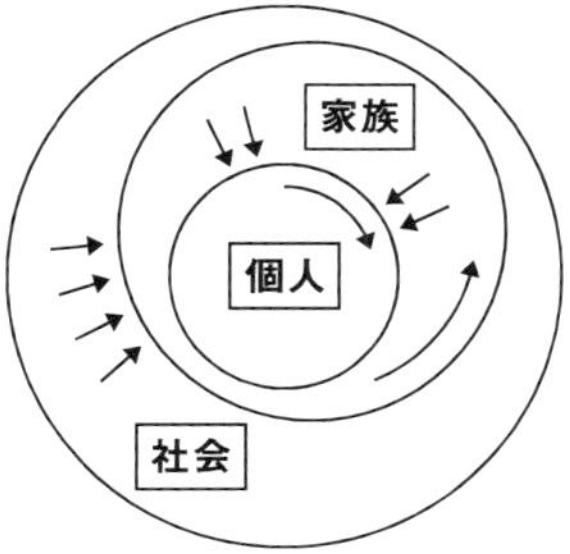

「ひきこもりシステム」

システムは相互に交わらず連動することもない。

システム間相互に力は働くが、力を加えられたシステムの内部で、力はストレスに変換されてしまいストレスは悪循環を助長する。

個人、家族、社会のそれぞれが「健常」であり「正常」であったとしても、三者の関係性いかんで「ひきこもり」が生じうることが、この仮説によって説明可能になる。その意味では、けっこう良くできたモデルではないかと自負している。

それでは、ひきこもりシステムの作動について、もう少しくわしく見てみよう。

ひきこもりシステムの安定性は、たとえば図表12に示したような、（1）ひきこもり状態↓（2）家族の不安・焦燥感↓（3）家族から本人への圧力・叱咤激励↓（4）本人の不安・焦燥感↓（1）ひきこもり状態、という悪循環によって支えられている。

子どもがひきこもると、家族は不安や焦燥感に駆られる。不安に駆られて何をするかと言えば、その不安を本人にぶつけるかのように、叱咤激励なり正論なり説得なりを試みる。お約束の「仕事を探して来なさい、学校へ行きなさい」という働きかけだ。そういった働きかけは、まったく逆効果で、その一つ一つが本人の親に対する不信感を募らせる結果となってしまう。そして責められる本人はいたずらに不安や焦燥感に駆られるのみで、ますます、一人の殻にひきこもることになる。

僕はほとんどのひきこもり家庭で、一時的にせよ、この悪循環が起こっているように思う。なぜなら、家族の不安も、それにもとづく叱咤激励も、みな正常でまともな反応にほかならないからだ。つまり、常識的な大人だったら誰でもそのように対応するだろう、という意味で。

[図表12] **社会的ひきこもりの悪循環模式図**

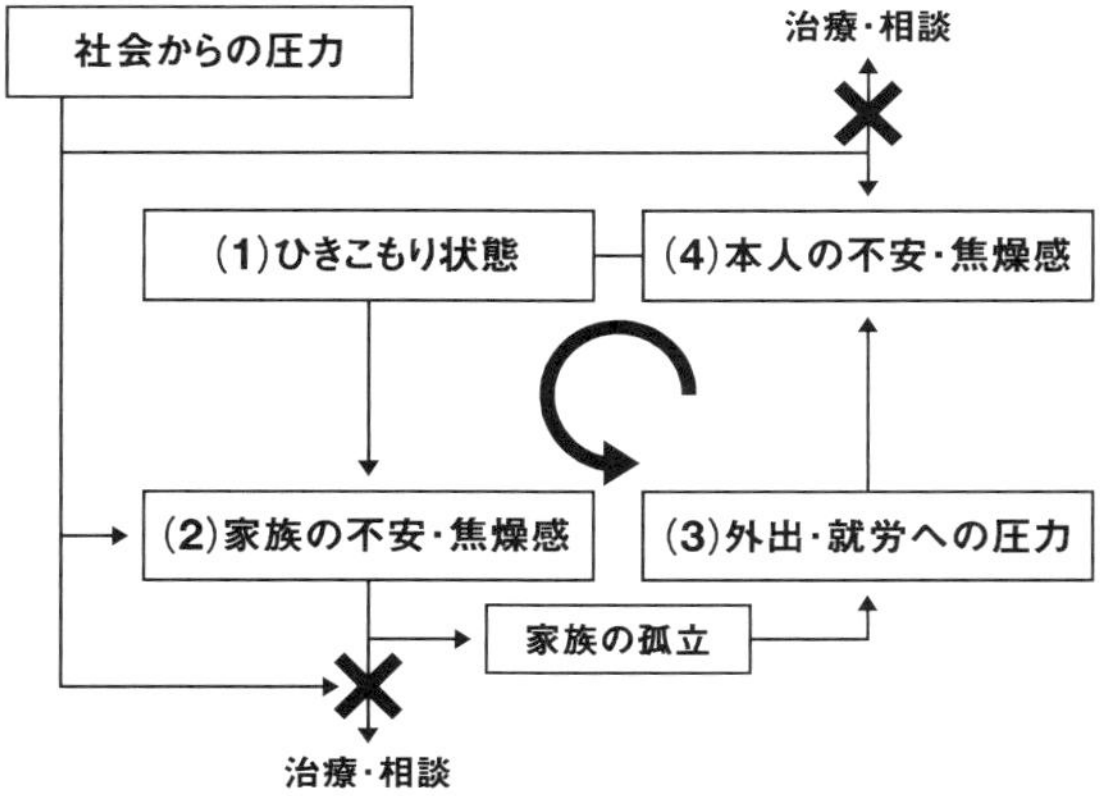

もちろん本人が叱咤激励をきらってひきこもるのも、防衛反応としてはまともである。

このように、きわだった家族病理も個人病理もみあたらない家庭環境であっても、ひきこもりは起こりうるのだ。こうなると、もはや従来の学説では解釈が難しい。新たに「病因論的ドライブ」という仮説が要請されるゆえんである。

おそらく、この種の悪循環は、ひきこもりのみならず、不登校や自傷行為、摂食障害など、本書で取り上げた問題全般に認められるものだろう。

自意識をめぐる悪循環

ところで、今説明した悪循環は、個人と家族との間で起こるものだ。もちろん、悪循環が生ずる場所はほかにもある。たとえば、ひきこもる本人の自意識だ。どういうことだろうか。

一九二〇年代に精神科医森田正馬《まさたけ》氏によって創始された精神療法である「森田療法」の考え方の中に、「精神交互作用説」というものがある。これは、ある不快な感覚に注意を集中しすぎれば、その感覚はますます鋭敏となり、その結果ますます注意がその感覚に固着してゆく……という交互作用によって、赤面恐怖や強迫観念などの症状が悪化していくというメカニズムについての仮説である。

おわかりのとおり、これもまた一種の悪循環を意味している。ひきこもり状態にともなう対人恐怖や強迫行為でも、この作用が生じている。また、「ひきこもり」それ自体についても、同じように考えることができる。

ひきこもっている人は、自分の状態を恥じ、自己否定的な気持ちに陥っていることが多い。ひきこもって何もしていない自分を、無価値なダメ人間であると自己批判しているのだ。しかし、いくら否定や批判を重ねても、不安や苛立ちが増すばかりで、行動するための動機づけにはならない。

当然のことだ。動機づけのためには、むしろ安心感やこころのゆとりが必要なのに、彼らはわざわざ、みずから安心感を壊して焦燥感を高めようとしているのだから。

ならば、本人と社会との関係はどうか。こちらも同様である。

ここでは「社会」よりも「世間」と言うべきかもしれない。いずれにしても、ひきこもっている本人は、世間体をひどく気にしていることが多い。これがこうじて、近隣住民に被害的な感情を持ってしまう場合すらあるほどだ。そして、もちろんここにも、悪循環はある。

本人は自己否定の感情を世間に投影する。そこから「世間のみんなが自分のひきこもり状態をよく知っていて、自分のことを批判している」という被害妄想的な感覚が生じてくる。そして、この感覚ゆえに、ますます外出や行動ができなくなる。かくして、何も行動できない自分に再び腹を立て、ますます自己否定的に、いっそう被害的になっていく。

僕は不登校のところで、病因論的ドライブを構成する要素の一つとして、学校的価値観があると述べた。世間が学校的価値観に染まっている場合、不登校の一部もまた、「ひきこもり」とよく似たメカニズムで起こることは容易に想像できる。

たとえば世間との関係において、学校に行けないことを恥と感ずる自意識が生じたとする。恥の感覚は自己否定につながり、自己否定によって子どもは、ますます自由な行動がとれなくなっていく。こうして本人がそれを望まないにもかかわらず、不登校が長期化していく。ひきこもりで生ずる悪循環と、構造的にはまったく同じだ。

ひきこもりは日本固有の問題か

ひきこもりは日本に特有の問題であるということが、しばしば言われる。しかし、海外の専門家に質問したり、国際学会などで発表した経験からは、少なくとも「日本固有」とは言えないようだ。たとえば韓国の精神科医イ・シヒョン氏は、最近韓国でもひきこもり事例が増加しつつあると報告している（拙著『「負けた」教の信者たち』中公新書ラクレ）。

ただ、現実には日本が「ひきこもり先進国」として国際的に理解されているのも事実である。『TIME』や『Newsweek』など、欧米の主要なメディアがこの問題に注目し、僕も取材を受けたが、そこでひきこもりは〝hikikomori〟と紹介されている。これは欧米には該当する事例が知られていないため、日本からの「外来語」として紹介するほかはないということだろう。

おそらく日本だけ、ということはないにしても、ひきこもりが日本に突出して多いのは事実と言ってよいだろう。だとすれば、日本はそれだけ病んだ国、ということになるのだろうか。第一章でちょっと触れたマイケル・ジーレンジガー氏の著書『ひきこもりの国』は、ひきこもり青年を日本社会特有の病理による犠牲者、という解釈のもとで書かれている。

もちろん僕は、そうした意見には賛成できない。日本が病んでいるのが事実であるとしても、それはせいぜい、アメリカやヨーロッパの国々が病んでいるのと同程度、と考えたい。前にも述べたが、ひきこもりの多い日本には、欧米であれほど社会問題化しているヤングホームレスがほとんどいないのだ。むやみやたらな劣等意識は、実はナルシシズムと大して変わらない。このことも、すでに話題にしたはずだ。

同居文化ゆえの特異な「不適応」

それでは、日本や韓国にきわだってひきこもりが多いことをどのように考えればよいか。

ここでも「病因論的ドライブ」の発想は有効だ。社会や文化に固有の病理を考えるのではなくて、社会や文化と個人との関係性に焦点をあてられるからだ。

第一章でも述べた「儒教文化圏」との関連で言えば、「自立」や「成熟」のイメージが、欧米とはかなり異なるという点がまず重要だ。

おそらく欧米における「自立」のモデルは「家出」だろう。アメリカ合衆国が一つの典型であるような「自立」を至上の価値とする文化圏では、成人年齢に達した子どもは親元から離れ、「自立した個人」として振る舞うことを要求される。

もっとも欧米圏といっても多様であり、アメリカがこの種の強い自立観の一つの極であるとするなら、たとえばイタリアは緩やかなほうの極だろう。ちなみに僕の知る限りでは、ヨーロッパでひきこもり問題への関心が最も高い国がイタリアだ。いずれにせよ、成人して以降も両親と同居を続けることが、恥とは言わないまでも特異な目でみられてしまうという状況は、いまだ欧米では一般的だ。

欧米における自立イメージが「家出型」であるとすれば、日本や韓国などの「儒教文化圏」における「自立」とは、それは、「親孝行型」と言えるだろう。少なくとも、この文化圏における必ずしも個人が家から出ていくことを意味していない。それは、先に触れた「パラサイト・シングル」が、いまや千二百万人を超えるという現状からもあきらかだ。むしろ成人後も家に留まり、両親の生活を支えながら生きていく「孝」の姿こそ、望ましい成熟のあり方なのだ。

やはり儒教文化圏である中国の家族観に象徴的な言葉がある。たとえば「四世同堂」は四世代が同居するという理想的家族のあり方だし、「養児防老」は老後の安心のために子どもを育てるという、これもあらまほしい家族の姿を示す言葉だ。ここからは儒教文化が一種の「同居文化」でもあることがうかがえる。

かつて三人以上の子を持つ家庭が珍しくなかった時代には、同居と親孝行が期待されるのは長男だけで、その他の子どもは家から出されるのが慣例だった。しかし、経済成長と少子化、さらに戦後民主主義教育のもと、すべての子どもは平等に、つまり「長男並み」に大切にされる風潮が一般化した。その結果、成人して以降のモラトリアム期間も曖昧なかたちで同居が続くことが一般化したのではないだろうか。

それでも「人並みに」就職や結婚というコースをたどれれば問題化することはないが、すべてがうまくいくとは限らない。うまくいかなければ、どうなるか。就労しないニートとして親元で生活するか、ひきこもってしまうしかない。僕は、こうした同居文化における特異な「不適応」の形態が、「社会的ひきこもり」をはじめとするさまざまな非社会的問題なのではないかと考えている。

念のために付け加えておけば、僕は欧米型の自立のあり方が素晴らしい、などと言いたいわけではまったくない。家出型自立は、もし失敗すれば自殺、あるいはヤングホームレス、あるいは薬物依存や犯罪などの反社会的行動に結びつく可能性が高い。

いっぽう日本の若者は、第一章でも述べたように、国際的にみても、きわめて反社会的傾向が低い集団だ。日本の若者の非社会性は、むしろ社会防衛のためのコストを抑制するという意味では、間接的に社会に貢献しているとすら言えるかもしれない。

こうした若者の非社会性を強力にバックアップしているのが、彼らを扶養する日本の家族なのだ。見方を変えれば、不適応の若者の多くを家族が抱え込んでくれるおかげで、政府が若者対策にかける予算を低い水準に抑制できていることはまちがいない。

家出型自立モデルと親孝行型自立モデル

ここで「病因論的ドライブ」に話を戻そう。

繰り返すが、僕は親孝行型の自立モデルを採用した日本社会がまちがっている、と言いたいわけではない。ただし、自立モデルの違いは、それぞれの文化圏における個人と家族との関係に大きく影響する。

家出型の自立モデルを採用した社会では、そもそも最初から「ひきこもりシステム」が成立しない。なぜなら、個人は成人すれば家から出て、家族との接点は家族システムの外側で持たれることになるからだ。その限りでは、両親と成人した子どもとの関係は、対等に近いヨコの関係になる。それゆえ、なんらかの事情でこの関係が絶たれれば、ヤングホームレス等の問題につながる確率も高まるだろう。

一方、親孝行型の自立モデルでは、個人は家族システムの内側から接点を持つ。つまり、両親と成人した子どもとの関係は、〈扶養する—される〉というタテの関係として温存されやすい。もちろん子どもが自立に成功すれば親を扶養する側に回れる。しかし失敗すれば、親から扶養される関係のままで、「ひきこもりシステム」に移行しやすいのだ。

「ひきこもりシステム」という発想は、このように、社会や文化と個人の関係についても一定の見通しを与えてくれる。ただし、これは本来、解釈のためだけのツールではない。その真価が発揮されるのは、問題の解決を検討する場面においてであろう。
その詳細については、章を改めて述べることとしたい。

第七章

「思春期」の精神分析

個人の病理だけに働きかけることの限界

前章で僕は、社会的ひきこもりがいかなる病因論的ドライブのもとで生じてくるかを「ひきこもりシステム」という仮説を用いて、くわしく説明した。

繰り返すが、ひきこもりシステムにおいて「病んで」いるのは、システムを構成する個々の要素ではない。問題は個人―家族―社会という要素間の関係性において生ずるのだ。もっと具体的に言えば、関係性が柔軟さや自由さをなくして、ある種の膠着状態に陥ってしまった状態がひきこもりシステムだ。ただしそれは、動きが止まってしまう、という意味ではない。そうではなくて、どれだけ作動を続けても、まったく同じ問題を、繰り返し生み出してしまうような作動状況を指している。

この膠着状態を解きほぐすための方法について、僕は繰り返し書いたり語ったりしてきた。具体的な方法論はそちら（『社会的ひきこもり』PHP新書、あるいは『ひきこもり救出マニュアル』PHP研究所など）を参照してもらうとして、この本ではもう少し抽象的な言い方で述べてみよう。

精神科医は、精神障害に対して治療を行う。その主役は言うまでもなく、病んでいる個人である。精神障害の場合、一般に個人の中に病理があり、それを解決するのが治療者の仕事であるからだ。

しかし、ひきこもりをはじめとする、さまざまなサブクリニカルな問題（序章参照）については、個人だけを相手に治療を考えるのは限界がある。むしろ患者とされる個人をとりまく、さまざまな関係性に介入することで、その個人を「病気」という枠組みに閉じこめている「外側の問題」を解決することのほうが先決であると僕は考える。もちろんその後に、「病気」が繰り返されないような新たな関係性が構築されるのであれば、申し分ない。

ひきこもりがひきこもりシステムの作動によって固定化・慢性化しつつあるのであれば、治療者はまずシステムの作動が少しずつ変化していくような働きかけを試みなければならない。

この場合の対応は、次の三つの段階から成り立っている。すなわち（1）家族相談、（2）個人治療、（3）集団適応支援。通常の意味での「治療」は、（2）個人治療に該当する。ただし、ひきこもり事例では、治療者と患者との二者関係が幸運にも成立したとしても、その関係に終始するのみでは「治療」はなかなか進まない。家族や、家族以外の対人関係との関わりをどのように再構築するか、常にこの点を意識し、ときには介入することが必要になってくる。

「ひきこもりシステム」にどう介入するか

まずは（1）家族相談について考えてみよう。

この段階では、長い間わが子との断絶や葛藤に悩んできた家族の相談に応じながら、治療者からは望ましい対応法について情報を提供し、この方法論にもとづいて家族関係の改善を進めることになる。もちろんこの段階では、まだ本人は治療と関わりを持っていない。

治療の最初期の段階を家族中心にすすめることは、厚生労働省が二〇〇三年に配布した「十代・二十代を中心とした『ひきこもり』をめぐる地域精神保健活動のガイドライン――精神保健福祉センター・保健所・市町村でどのように対応するか・援助するか――」でも推奨されている。

ひきこもりの場合、最初から本人が病院にやってくることはめったにない。だいたいは困った家族がまず相談を持ち込んでくることがほとんどだ。長い間さんざん悩んだ挙げ句に相談にやってきた家族に対して、「まず本人を受診させなさい」と指示するのみでは、ほとんど門前払いも同然である。

もちろん、医療本来のあり方としては、本人抜きの治療など考えられないという立場も理解はできる。しかし本書であつかうようなサブクリニカルな問題では、本人の治療意欲も曖昧なことがよくある。どんな場合でも常に「本人主義」で臨むという姿勢は、正当ではあっても柔軟性には欠けている。もっと言えば、治療者のかたくなな姿勢が、しばしば病因論的ドライブを強化してしまうこともあるのだ。

僕の場合、家族に対しては「家族相談」という枠組みで対応している。保険診療ではないが、本人抜きではまだ「治療」とは言えないからしかたがない。ただ、この段階はまだ対応方針に関する「情報提供」なので、家族は本を読んだり家族会に参加したりすることで学習を補足することができる。

実は、この段階がうまく運べば、それだけで本人の状況が改善してしまうこともある。つまり、家族が対応法を学ぶことで家族関係に変化が生じ、個人と家族との接点が回復することで「ひきこもりシステム」への膠着状態が解除される、ということだ。

僕自身、外来診療の場だけでなく、定期的に家族会を主宰して、対応法の普及に努めている。家族会といっても僕の場合は、家族間のコミュニケーションよりも講義や質疑応答を中心とした勉強会のようなものなのだが。

ここでの指導は、だいたいマニュアル的な一般論だ。本人抜きの相談が一般論に終始するのはしかたがない。それに、ほとんどの家族が陥る誤解や不適切な対応には、パターン化できる程度に単純なものも多いため、むしろ一般論的な対応からはじめなければならないのだ。

家族相談に話を戻すと、当面は試行錯誤の連続になる。治療者はただ一方的に指示をするだけではなく、提案した対応に対する本人の反応を家族を通じて確認しながら、次の方針を模索する。反応が良ければその方針を進め、悪ければ方針を変える。この段階での目標はシンプルだ。要は家族が「本人が安心してひきこもっていられる環境を保障すること」に尽きる。ただ、これだけ言うと「好きなようにさせる」「放置する」と誤解される場合があるので、最近では「安心してひきこもれる関係を作る」こと、と補足するようにしている。放置ではなく、関わり続ける必要がある、ということだ。

ここでの対応がうまく進めば、本人と家族との関係が修復され、活発な会話が復活し、そのうえで家族からの粘り強い誘いかけによって、本人が治療場面にあらわれる。ここから治療は、ようやく（2）個人治療の段階に入る。すなわち、本人に対する個人精神療法と、必要に応じて薬物治療をはじめる段階でもある。ひきこもり治療では、通常の疾患とは異なり、この段階の比重はそれほど高くないので、そのくわしい内容については省略する。

個人治療がある程度うまく軌道に乗ったら、徐々に（3）集団適応支援を進めていくことになる。これは、本人と同じような問題を抱えた若者たちのためのたまり場やデイケア、自助グループなどを紹介し、親密な仲間関係を経験してもらう段階だ。ひきこもり治療における、いわば最終段階である。

泳ぎを習いたての人が、いきなり海や川で泳ぐのは危険だ。まずはプールのような安全な場所で、十分に練習を積んでおくことが望ましい。同じように、ひきこもりの青年が、いきなりアルバイトや学校に行こうとするのは大きな危険がともなう。ひきこもり経験への引け目から、ふたたび疎外感を味わったり、周囲の心ない言動で傷つけられたりする可能性があるからだ。

まずは「プール」にあたるデイケアやたまり場などで対人関係を十分に経験してから、次の社会参加を考えるほうがうまくいく。ここで得られた親密な仲間関係は、大きな自信のよりどころとなって、社会参加へのしっかりした足場を提供するだろう。

いままで述べてきた段階的対応は、もちろん「ひきこもり」に対するものではあるが、僕自身は不登校に対しても、ほぼ同じ発想で向き合うことにしている。家族相談の重視もそうだし、再登校よりもまずは家族のもとで「元気になる」こと（ひきこもりではまず「安心」だが）を目指す点も共通している。学校や仕事以上に対人関係を重視する点も同様だ。

おそらくこういう発想は、非社会性の問題に対応する場合、ほぼ共通して活用できるのではないだろうか。

ひきこもりに話を戻すなら、こうした段階的対応は、膠着した「ひきこもりシステム」に介入し、その作動状況に変化をもたらすためになされている。個人―家族―社会というカップリングを考えるなら、介入を効率よく行うためにも、まずは隣り合ったシステムどうしの接点回復から考えるのは当然のことだ。まただからこそ、いきなり本人と社会の接点を考えるのではなく、まず本人と家族、ついで本人と社会、という順番で進めていく必要がある。

家族療法からの発想

実は、いままで述べてきた「ひきこもりシステム」は、「家族療法」の考え方に多くの示唆をうけて発想されたものだ。とりわけ、MRI（Mental Research Institute）グループの発想は私も大いに参考にしてきた。

MRIは、「ダブルバインド」で有名なグレゴリー・ベイトソンの研究に協力した精神科医、ドン・D・ジャクソンによって設立された機関である。そこではベイトソンらの理論に加え、ジャクソンの家族ホメオスタシス（恒常性）論、一般システム理論、サイバネティックス論などを踏まえながら、家族療法のための理論を発展させてきた。

その発想の基本にあるのは、ある症状を、円環的なシステムの作動によって維持されているとみなす「円環的認識論」だ。「円環的」とは、この本でも繰り返し述べてきた「悪循環」のイメージで理解してもらえればいい。ある症状をなんとかしようという努力が、その症状をいっそう悪化させてしまうという状況のことだ。ひきこもりについてはすでに述べたけれど、アルコール依存症の場合でも、飲酒行動を批判する家族によって、いっそう飲酒が助長されていく過程は共通している。

MRIによる家族療法は、家族の中で問題を膠着させているシステムが何であるかをまず理解し、そこになんらかの変化をもたらすことを目指す。そのときクライアントは、問題に対する認識を改めるために、治療者からのさまざまな指示に従うことになる。その指示は、しばしば奇抜なものであったり、逆説的であったりする。もとＭＲＩに所属していた研究者のＪ・ヘイリーは、この技法をさらに徹底することで「戦略的家族療法」を創始した。

ヘイリーによれば、家族はそのライフサイクルにおける節目ごとに、家族システムのあり方をみなおすことで再適応しなければならない。これに失敗すると、変化に耐えられなくなった家族のメンバーが、なんらかの症状を呈することになる。家族システムは、その症状の存在も込みで、安定しようとする。つまり、誰かが病気になることによって、家族の恒常性（ホメオスタシス）が成立してしまうのだ。もちろん「ひきこもりシステム」でも、まったく同じことが起こっている。

こうしたシステムに変化を起こすために、治療者は家族に対して、さまざまな指示を出す。あえて症状を続けさせる、症状がなくなったふりをする、症状を肯定したり強制したりする、などなど。「安心してひきこもれる環境を作る」という指示も、こういう逆説的な介入に近いかもしれない。

ヘイリーが師事した天才催眠療法家、ミルトン・エリクソンは、みずから理論構築はしなかったが、家族システムに変化をもたらす技法の達人だった。エリクソンが介入した事例には、たとえばこんなものがある。

額のオデキをいじる少年がいた。父親は息子にそれをやめさせようとして、彼のおもちゃを取り上げる罰を加え続けたが、事態は改善しなかった。そこでエリクソンは、次のような指示を出した。父親は週末に芝刈りなどの雑用（それはかつて少年の仕事だった）をすべてやること。その間、少年は「額のできものをいじるのは名案ではない」という文章を繰り返し書くこと。この指示の結果、少年のオデキはきれいに治っていった（J・ヘイリー編『ミルトン・エリクソン　子どもと家族を語る』金剛出版）。

家族や治療者は、しばしば問題行動に対して、単純な処罰のみを与えようとしがちだ。もちろん、それで解決することもあるけれど、逆に問題が固定化してしまうこともある。エリクソンは、同じ処罰的行為でも、それを親子セットでさせることで、まったく意味が変わってくることに気づいた。長くは耐えられそうにない苦行を親子セットで引き受けることで、システムは良い意味で不安定になる。それは、より良い安定＝ホメオスタシスに至る重要なきっかけになりうるのだ。

治療者の特権的立場を認めない

みてきたとおり、僕の「ひきこもりシステム」や「病因論的ドライブ」の発想は、「家族療法」の考え方にきわめて近い。とりわけ、病理的な安定＝ホメオスタシスに介入して不安定化させ、より良い、つまりより「健康」なホメオスタシスに至るためのきっかけにする、という点は、ほとんど同じだ。ただしもちろん、違いもある。

家族療法の発想とは異なり、病因論的ドライブには「社会」や「文化」、あるいは「時代」を含む、あらゆるマクロな環境要因が含まれる。

ひきこもりについてみてきたように、この問題の広がりは、社会文化的な要因を抜きにして考えることがもはやできない。その意味では、社会状況への批評や政策（不登校の場合の「週五日制」のような）が、そのまま問題への対応策として活かされることも十分にありうる。

非社会性という点でひきこもりと連続性のあるニートやフリーターの問題では、いっそうこうした社会的要因の比重が高まる。ラカン派社会学者の樫村愛子氏によれば、ネオリベラリズム的な合理主義が強いる「再帰性」が社会における「恒常性」（安定した社会保障、家族、雇用など）を破壊し、若者の立場を著しく不安定なものにしているという。

もちろんニートやフリーターは「病気」ではないが、時に困った膠着状態をもたらすことがある。そのとき個人と社会との関係においては、「ネオリベラリズムが病因論的に作用している」と考えることができる。

逆に、「自意識」のようなミクロのレベルで生ずる悪循環についても、関係性という視点から理解し、対応策を考えることが可能になる。要するに、家族療法的発想を、マクロ、ミクロ双方のレベルに拡張することができる、ということだ。

あるいはまた、「治療者」や「治療環境」、ないし「治療文化」といった存在もまた、時に病因論的ドライブを強化することもある。たとえば、ゆきすぎた医療化が広い意味で医原性と言いうるような問題をもたらしている場合、医療化そのものが病因論的に作用していると考えられる。このような場合にはもちろん、治療者自身から治療という発想のレベルに至るまで、なんらかの変化や改革が期待されることになるだろう。

このように病因論的ドライブは、観察者や治療者といった特権的立場をいっさい認めない。問題に関係するあらゆる要因に、変化の可能性を求めていくのが、その基本姿勢となるのだ。

ひきこもりを擁護するのか、治療するのか

結局のところ、「若者」とは誰のことなのか、「ひきこもり」とは何なのか。そこに単純な答えはない。なぜ単純ではないのか。そこに「関係性」の問題が絡んでくるからだ。

この本のテーマの一つである「病因論的ドライブ」とは、広い意味で「関係性」を考えるためのキーコンセプトである。問題を構成するそれぞれの要素に「病理」はないのに、要素どうしの関係において病理が生じてしまうとき、関係の側から問題を理解するうえでは、それなりに有用な概念ではないかと思う。

僕の考えでは、「ひきこもり」はそうした関係性の病理の最たるものの一つだ。病気としては軽症とすら言えるのに、問題としてはなぜこれほど深刻になりうるのか。このギャップを理解するには、関係性に注目するほかはない。

だから僕は、「ひきこもり」が「オブローモフ症候群」とかなんとか、そんな名前で病名や診断名にされてしまうことには賛成できない（注　オブローモフというのは、ロシアの作家ゴンチャロフの小説『オブローモフ』の主人公。貴族でインテリで、高い理想を語るけれど行動はせず、怠惰にしてなにごとにも無関心な男。当時のロシアのインテリにはこういう人が多かったらしい）。

ひきこもりの名目で、ちゃんと病院で保険診療が受けられるようになるためにも、できるだけ早く診断名にしてほしい、という声があることは知っている。しかし、だからこそ僕は慎重にならざるをえないのだ。

診断名になるということは、つまり正式に「病気」として認定されるということだ。この「ひきこもり＝病気」という図式にまずなじめない。むしろまちがっているとすら思う。それに、もし「ひきこもり」が病気なら、関わりを持てるのはほぼ医療関係者に限られてしまうことになる。医療とは無関係の支援者が関わることは、いまよりもずっと難しくなる。

「ひきこもり」という言葉は、それが曖昧だからこそ、医学や心理学、社会学や経済学、あるいは文学や哲学といった、さまざまな分野で検討することができる。このようなすそ野の広い問題について、複数の視点から多様な検討がなされることは、とりわけマクロな病因論的ドライブの解明という点から考えても望ましいことだ。

僕の態度が曖昧なせいか、ときどき、こんなことを言われることがある。「あなたはひきこもりを擁護したいのか、それとも病気として治療したいのか、いったいどっちなのだ」と。

なるほど、僕は理論としては「ひきこもり」の肯定からはじめることにしている。しかし治療者としては、ふだんから「ひきこもり」の治療に深く関わっている。もし本当に肯定的にとらえているのなら、それを「治そう」などとは思わないはずだ。だとすれば、そこに矛盾があると言われてもしかたがない。

僕の態度における「分裂」は、ひきこもりそのものがはらむ「分裂」と重なるのかもしれない。なぜなら、ひきこもりという「存在」は、さしあたり肯定するほかはないものなのだから。言い換えるなら、マクロの病因論的ドライブは、ひきこもりの肯定からしかみえてこないものなのだ。

しかし、その肯定をミクロのレベル、つまり個人に押しつけることはできない。ひきこもりの苦しみは、理論的な肯定では救われないからだ。そのような個人の現実に対しては、ミクロの病因論的ドライブという視点から、治療的介入を行うほかはない。

そういう僕の立場が、いささかわかりにくいものであったとしても、僕はそれはしかたがないことと思う。どんな精密な理論を持ってきたところで、ひきこもりをはじめとする若者問題を完璧に理解することなどできない。ここで重要なのは、理論の枠組みを立てることよりも、理論の立て方、つまり「考え方」を鍛え上げることだ。

「関係性」をあつかう道具としての精神分析

考え方ということで言えば、僕はふだんから、精神分析の考え方を基本に立てることにしている。「精神分析学」ではない。精神分析家のなかには、「精神分析」と「精神分析学」は違う、と主張する人たちがいて、僕もその主張に賛成だ。「学」と呼ばれたとたんに、精神分析は知識と理論のデータベースになってしまう。でも、本来の精神分析はそうではない。それは人間がはじめて手に入れた、「関係」をあつかうための道具だったのだ。

どういうことか。通常の学問は、なんらかの対象と、それを観察する研究者という図式の上で成立している。しかし、精神分析ははじめて、観察者（治療者）の立場や、観察者と対象の関係性（「転移」や「投影」など）までも、分析の対象にしようとしたのだ。これは治療関係を一方的な権力関係から、より公正な関係に導くための重要な一歩だった。

「なぜ治療をするのか？」という治療者の欲望までもが分析の対象となることで、病人という弱者と、それを「治してあげる」強者としての治療者、という関係はもう一度見直されることになる。もちろん、現実の精神分析は、見かけ上は普通の治療関係とそれほど違ってはみえないだろう。しかしそれでも、根底にある「発想の違い」は大きいのだ。

そこにある症状が存在するとして、その原因を個人に求めるか、環境に求めるか。基本的には、これが医学の発想だ。それでは、個人にも環境にもはっきりした問題がない場合、私たちはどう考えるか。環境ならば「水が合わなかった」とか、人間なら「相性が悪かった」とか、要するに関係に求めるだろう。どれほど制度が整った社会であっても、常にこうした問題は起こり続ける。

こうした関係性を取りあつかうための道具として、精神分析はまだその有効性を失ってはいない、と僕は考える。欲望と関係の科学として、言い換えるならそれらについての「考え方」を鍛えるための道具として。

しかし残念ながら、精神分析の臨床現場もまた、いまや心理学化、精神医学化の潮流にゆっくりと呑み込まれつつあるようにみえる。とりわけ脳科学の成果を取り入れよう、といった身振りは、分析家の〈科学〉コンプレックスのなせるわざとしか思えない。

もちろん僕の「ひきこもりシステム」にしても、固定的な心理学モデル、精神医学モデルとして受け取られてしまう危険は常にある。しかし、この考え方は本来、関係性の中の「病因論的ドライブ」を見出しやすくするための道具に過ぎず、あくまで暫定的なものだ。治療において使えないものになったら、いつでも改訂する用意はある。

「分裂性分析」の過激な試み

とはいえ、なにもかも流動的では関係の分析はできない。精神分析には、「エディプス・コンプレックス」や「超自我」、あるいは「転移」といった、検証不能の不動点がある。これらの概念に関する普遍性を疑わないことが、分析の足場を提供しているわけだ。ほんらい「ひきこもりシステム」もそのような足場を目指して発案されたものだ。昨今の心理学化の風潮は、ほんらい足場に過ぎないものを、枠組みと誤解することに起因するところがある。

その意味で、精神分析家フェリックス・ガタリの主張する「分裂性（スキゾ）分析（アナリーズ）」（＝「制度分析」）の発想は、いまなお、というか、いまこそ多くの示唆に富んでいるように思う。

この手法は、精神医学の誤った科学化に対抗するために考え出されたものだ。その基本的発想を、以下に引用してみよう。

「心理―社会的なひとつのモデルを作ることは、私の関心から遠いものでした。その当時から私の考えることは、私が今日『モデル化の次元を変えること』(metamodelisation) と呼んでいる手続きに向けられていたのです。つまり、現に存在するモデル化の作業を上から支配的にまとめあげて作るようなものではなくて、現に存在するモデルの全部あるいは一部を取り込んだ『自己モデル化』という手続きのようなものに私の考えは向けられていたわけです。現に存在するモデルの全部あるいは一部を取り込む自己モデル化は、みずからの地図を作成し、みずからの標識を作成するためであり、したがってみずからの分析的な態度を作るためであり、みずからの分析的な方法論を作るために必要なのです」（フェリックス・ガタリ＋ジャン・ウリ＋フランソワ・トスケル他『精神の管理社会をどう超えるか？――制度的精神療法の現場から』松籟社）

ほんらいガタリは、精神分析に対しても鋭い批判をし続けた論客だった。しかし、ここに掲げられた主張は、むしろ精神医学化しつつある精神分析家の実践に対する、「もう一度初心に還れ」という呼びかけにもみえる。

どういうことだろうか。

ガタリの主張する「分裂性分析」は、まさに関係性の中にあって、関係性そのものを更新し続けるような過激な試みなのだ。そのとき精神分析は、治療の実践によるフィードバックから不断の修正を受けながら、分析の手法そのものを更新し続けるような営みとなるだろう。しかし考えてみれば、このような発想は、精神分析という営みに、もともと備わっていたはずなのだ。

別の言い方をすれば、こういうことになる。もし「自己分析」が可能であるとすれば、それは「自己分析の手法を独自に開発する」行為をおいてほかにない。「自分探し」の方法を会得した時点で、「自分探し」の答えは出ているのだ。また、だからこそ「自己分析」にも「自分探し」にも終わりはないのだ。

こうしたガタリの主張は、フランスのラボルド精神病院において「制度改編派精神療法」として結実した。これは病院の運営や活動を「ハードな制度」とすると、医師・看護師・患者間の人間関係についても病院環境を形成する「ソフトな制度」ととらえ、ハード、ソフトそれぞれの制度を改編していくことが、そのまま治療につながっていくような実践を意味している。

時には患者とスタッフの区別をなくしたり、役割を交換したりするようなことまで含む実践だけに、いまの医療制度(まさに「ハードな制度」!)のもとでは普及は難しいかもしれない。しかし僕には、このような過激さもまた、精神分析にほんらい備わっていたものではないかという思いがある。

思春期の臨床にあっては、こうした過激な発想すらも、時に欠かせないのではないだろうか。少なくとも「理念」としては。

「思春期のリアル」をとらえるために

いままで繰り返し述べてきたように、心理学化や精神医学化といったモデル化の手続きだけでは、「思春期のリアル」には届かない。さまざまな「病因論的ドライブ」の存在が、常にリアリティの位相をずらし続けるからだ。だからといって、なにもかも流動的で形がない、というわけでもない。「思春期のリアル」をとらえるためには、その流動性と普遍性の双方に対する、慎重な配慮が欠かせない。

しかし、ただ観察するだけでは、何が流動的で何が普遍的であるかはみえにくい。だからこそ「関係」が重要なのだ。関係性の中に身を置くこと、ひたすら関わり続けること、そうした関わりの中で「関わり方」「考え方」を常に更新し続けること。

このような実践に「精神分析」の名を冠したら、ガタリに怒られるだろうか。しかし、まさにこれこそが、僕にとっては理想の「思春期の精神分析」にほかならないのである。

あとがき

本書のもとになったのは、二〇〇三年に出版されたNHK人間講座のテキスト『若者の心のSOS』（NHK出版）である。今回の新書化に際しては、元原稿に全面的に手を入れ、徹底的に加筆修正を加えた。元になったテキストは、かなり短期間で書かれたものでもあり、その内容は良く言えば教科書的、悪く言えば思春期・青年期のさまざまな問題についてカタログ的に並べただけのものだった。

はじめは、それほど手を入れるつもりはなかった。しかし、新書化に向けてあちこち手を入れていくうちに、さまざまな不満やアイディアが湧いてきて、ほとんど書き下ろしも同然の労力を費やすことになってしまった。企画が生まれてからすでに一年以上が過ぎ、ようやくまとめることができてほっとしている。

さて、『思春期ポストモダン』という奇妙なタイトルについては、本文中ではあえて説明しなかったので、ここで簡単に解説しておきたい。

ポストモダンという言葉にはいろいろな解釈があると思う。思想的な文脈では「大きな物語の終焉」や「歴史の終わり」などが問題になるのだろう。しかし僕が精神科医として、あえてこの言葉を使う場合は、ほぼ「主体」概念が無効になった時代、という意味で用いている。

本書では「個人病理」という言い方をしてきたが、要するに精神障害において、「病んでいる主体」を問題にするだけでは治療が難しくなった時代、ということだ。かといって、主体をとりまく環境要因にのみスポットをあてるという方法にも限界がある。やはり〈主体―環境〉をはじめとする、無数の関係性のネットワーク、こちらのほうに注目する必要があるのではないか。

もちろん、ただ注目するだけでは足りない。「関与しながらの観察」（H・S・サリヴァン）でもまだ不足かもしれない。関与・観察・治療が一体となって変化していくような関わりが、最も望ましいだろう。

最終章でさわりだけ紹介した、ガタリの分裂性分析の手法は、その最も過激な部類に属する。「病む主体」が無効になりつつある現代にあって、まさにポストモダンの担い手の一人であった思想家、フェリックス・ガタリの手法が注目されるのは当然のことである。

加えて現代の思春期・青年期は、人の一生の中でも、最もポストモダン的な時期と言えるかもしれない。さまざまな病理や問題が生ずるにさいして、主体の位置が不確かになりやすい、という意味において。あるいは成熟＝モダンのイメージを先取りしすぎたがために、なかなか成熟が起こりにくい、という意味において。あるいは、根底には普遍的な構造を秘めつつも、その表層はめまぐるしく変転する、という意味においても。

この傾向を徹底しておしすすめるのが、たとえばさまざまなメディア、ネットワーク、データベースの存在だ。それらはすでに、僕たちにとって、もう一つの無意識のような作用を担いはじめているのではないか。ちなみにここで「無意識」というのは、主体の外側で主体の代わりに考え、決定を行うような場所のことを指している。

本来の無意識に加え、このような擬似的な無意識が加わることで、あたかも無意識が二重化されるかのような事態が起こる。こうなると、事態は複雑に混乱するよりも、むしろ過度な単純化に向かってしまう可能性がある。たとえば、外傷の記憶がデータベース的記憶と混同されることによって、もはやいかなる外傷も成長や成熟のきっかけになりえない、というような。

もちろんこれらは想像的な変化であって、人間の本質が変わってしまうわけではない。しかし「思春期」にせよ「ポストモダン」にせよ、想像的なものが圧倒的な覇権をにぎる状況の別名なのだ。

それゆえ、本書のタイトル『思春期ポストモダン』には二重の意味がこめられている。まず、ポストモダン状況における思春期問題には、それにみあった新しい考え方で向き合う必要がある、ということ。もう一つは、現代においては、思春期に本来備わっているポストモダン性のようなものが露呈しやすく、その「露呈しやすさ」そのものが新たな問題をもたらす可能性があること。

ここまで読めばおわかりのとおり、本書のサブタイトルである「成熟はいかにして可能か」は、一種の反語である。

なぜならポストモダンとは、成熟という概念の価値が徹底して失われる時代でもあるからだ。「主体の成熟」は、すでに教養小説のような「大きな物語」の一つとして、うるわしき過去の遺物になってしまった。

「成熟」に代わって重視されはじめたのは「適応」であろう。大きな成熟の物語にかわって、小さな適応の物語が語られる時代。精神疾患の軽症化が指摘されて久しいが、そのような時代にあっては、「成熟」問題も「適応」問題へと軽症化するほかはないのかもしれない。

しかし、単に「成熟の不可能性」を指摘するのみでは無責任というものだろう。なるほど、個人の成熟は困難な時代なのかもしれない。しかし、さまざまな関係性のレベルにおいて、その都度の成熟は起こりうるのではないか。東浩紀氏にならって、それを「小さな成熟」と呼んでもよい。

治療関係の中で、患者だけではなく、治療者もまた小さな成熟を繰り返す。ポストモダンと呼ばれる状況の中にあっても、そのような可能性は、まだ信じることができるように思う。

さて、本書もいよいよ終わりに近づいた。やはり最後は、幻冬舎の担当編集者、小木田順子さんへの感謝で締めくくりたい。彼女とは僕の最初の著書『社会的ひきこもり』（ＰＨＰ新書）以来の縁である。本書の企画が持ち込まれて以来、一年間以上もの長きにわたり、なかなか筆の進まない僕に辛抱強くつきあっていただいた。自宅で書けない時は近所のファミレスで執筆につきあってもらったり、無理を言って幻冬舎の会議室に缶詰にしてもらったり、ともかく彼女の忍耐と鞭撻がなければ本書の完成はずっと遅れてしまったはずだ。小木田さん、お疲れさまでした。

二〇〇七年十一月九日

外来診療を終えたばかりの爽風会佐々木病院・診察室にて

斎藤　環

著者略歴

斎藤環
さいとうたまき

一九六一年岩手県生まれ。筑波大学医学部研究科博士課程修了。
医学博士。専門は思春期・青年期の精神病理学、病跡学、
「ひきこもり」の治療・支援ならびに啓蒙活動。
爽風会佐々木病院の診療部長として臨床に携わりながら、
精神分析、文学、サブカルチャー、現代美術など、
幅広いジャンルで評論活動を展開。
『社会的ひきこもり』(PHP新書)、
『生き延びるためのラカン』(バジリコ)、
『メディアは存在しない』(NTT出版)、
『アーティストは境界線上で踊る』(みすず書房)など著書多数。

幻冬舎新書 060

思春期ポストモダン
成熟はいかにして可能か

二〇〇七年十一月三十日 第一刷発行
二〇一一年十一月 五 日 第二刷発行

著者 斎藤環
発行人 見城徹
編集人 志儀保博
発行所 株式会社 幻冬舎
〒一五一-〇〇五一 東京都渋谷区千駄ヶ谷四-九-七
電話 〇三-五四一一-六二一一(編集)
〇三-五四一一-六二二二(営業)
振替 〇〇一二〇-八-七六七六四三
ブックデザイン 鈴木成一デザイン室
印刷・製本所 株式会社 光邦

Printed in Japan ISBN978-4-344-98059-4 C0295
さ-4-1
幻冬舎ホームページアドレス http://www.gentosha.co.jp/
*この本に関するご意見・ご感想をメールでお寄せいただく場合は、comment@gentosha.co.jp まで。

幻冬舎新書

香山リカ
スピリチュアルにハマる人、ハマらない人

いま「魂」「守護霊」「前世」の話題が明るく普通に語られるのはなぜか？　死生観の混乱、内向き志向などとも通底する、スピリチュアル・ブームの深層にひそむ日本人のメンタリティの変化を読む。

大野裕
不安症を治す
対人不安・パフォーマンス恐怖にもう苦しまない

内気、あがり性、神経質――「性格」ではなく「病気」だから治ります。うつ、アルコール依存症に次いで多い精神疾患といわれる「社会不安障害」を中心に、つらい不安・緊張への対処法を解説。

小島貴子
働く意味

働く意味がわからない、正社員として働くメリットがわからないなど、若者たちは大人には理解できない悩みで苦しんでいる。そんな「働く悩み」にカリスマ・キャリアカウンセラーが答える。親や上司必読の書。

荒井千暁
勝手に絶望する若者たち

「絶望に打ちひしがれた」と職場を去る若者たち。彼らは思い通りにいかない人生に、そして自分自身にイラつき自滅する。その建前の退職理由と著者にだけ語った本音を徹底分析した一冊。

幻冬舎新書

川崎昌平
ネットカフェ難民
ドキュメント「最底辺生活」

金も職も技能もない25歳のニートが、ある日突然、実家の六畳間からネットカフェの一畳ちょいの空間に居を移した。やがて目に見えないところで次々に荒廃が始まる――これこそが、現代の貧困だ！　実録・社会の危機。

浅羽通明
右翼と左翼

右翼も左翼もない時代。だが、依然「右―左」のレッテルは貼られる。右とは何か？　左とは？　その定義、世界史的誕生から日本の「右―左」の特殊性、現代の問題点までを解明した画期的な一冊。

久坂部羊
大学病院のウラは墓場
医学部が患者を殺す

医者は、自分が病気になっても大学病院にだけは入りたくない――なぜ医療の最高峰・大学病院は事故を繰り返し、患者の期待に応えないのか。これが、その驚くべき実態、医師たちのホンネだ！

小浜逸郎
死にたくないが、生きたくもない。

死ぬまであと二十年。僕ら団塊の世代を早く「老人」と認めてくれ――「生涯現役」「アンチエイジング」など「老い」をめぐる時代の空気への違和感を吐露しつつ問う、枯れるように死んでいくための哲学。

幻冬舎新書

寺門琢己
男も知っておきたい　骨盤の話
健康な骨盤は周期的に開閉している。さまざまな体の不調は、「二つの骨盤」の開閉不全から始まっていた。ベストセラー『骨盤教室』の著者が骨盤と肩甲骨を通して体の不思議を読み解いた。

手嶋龍一　佐藤優
インテリジェンス　武器なき戦争
経済大国日本は、インテリジェンス大国たる素質を秘めている。日本版NSC・国家安全保障会議の設立より、まず人材育成を目指せ…等、情報大国ニッポンの誕生に向けたインテリジェンス案内書。

川崎昌平
知識無用の芸術鑑賞
ピカソのゲルニカからデュシャンの泉まで、仏像から彫刻まで、狩野派の襖絵から街中のオブジェまで、「芸術がわからない」人に向けた「芸術がわかるようになる」芸術鑑賞の入門書。

波頭亮　茂木健一郎
日本人の精神と資本主義の倫理
経済繁栄一辺倒で無個性・無批判の現代ニッポン社会はいったいどこへ向かっているのか。気鋭の論客二人が繰り広げるプロフェッショナル論、仕事論、メディア論、文化論、格差論、教育論。